Bernd Fischl

Alternative Unternehmensfinanzierung für den deutschen Mittelstand

AF147536

GABLER RESEARCH

Bernd Fischl

Alternative Unternehmensfinanzierung für den deutschen Mittelstand

2., aktualisierte Auflage

GABLER

RESEARCH

Bibliografische Information der Deutschen Nationalbibliothek
Die Deutsche Nationalbibliothek verzeichnet diese Publikation in der
Deutschen Nationalbibliografie; detaillierte bibliografische Daten sind im Internet über
<http://dnb.d-nb.de> abrufbar.

1. Auflage 2006
2., aktualisierte Auflage 2011

Lektorat: Marta Grabowski | Viktoria Steiner

Gabler Verlag ist eine Marke von Springer Fachmedien.
Springer Fachmedien ist Teil der Fachverlagsgruppe Springer Science+Business Media.
www.gabler.de

Umschlaggestaltung: KünkelLopka Medienentwicklung, Heidelberg
Gedruckt auf säurefreiem und chlorfrei gebleichtem Papier
Printed in Germany

ISBN 978-3-8349-2916-7

Vorwort

Unternehmensfinanzierung ist aktueller denn je. Selten hat ein Thema die Wirtschaftswelt intensiver beschäftigt, wie es momentan die Beschaffung von Kapital tut.

Basel II ist für jeden Unternehmer, der seine Tätigkeiten in irgendeiner Weise fremdfinanziert hat und/oder dies (auch) in Zukunft geplant hat ein aktuelles Thema. Da auch der Autor unternehmerisch und beratend tätig ist und die vorliegende Literatur meist nicht den aktuellen Stand der Entwicklung abbildet, wurde versucht, in einem empirischen Teil einen Status Quo für zukünftige alternative Möglichkeiten zur Unternehmensfinanzierung festzustellen. Trends zu erkennen ist wichtig, um entsprechend reagieren und sich richtig positionieren zu können.

Die vorliegende Untersuchung soll diese Trends in Bezug auf alternative Möglichkeiten zur Unternehmensfinanzierung aufzeigen und genauer unter die Lupe nehmen. Mittelständische Unternehmer können dies als Ausblick verstehen, um es bei der Entwicklung ihrer Unternehmensfinanzierungsstrategie zu berücksichtigen.

In diesem Sinne bleibt allen Lesern zu wünschen, die für sie relevanten und individuell interessanten Aspekte in der Abhandlung zu finden und die richtigen Schlüsse und Handlungsanforderungen daraus zu ziehen.

Bernd Fischl

„Die absolut vernichtende Gefahr wohnt da, wo man, um sicher zu gehen, es grundsätzlich bei dem Bestehenden belässt und sich der Überalterung ergibt."
(Walter Rathenau, Vom Aktienwesen – Eine geschäftliche Betrachtung, Berlin 1917, S.47)

Inhaltsverzeichnis

Abkürzungsverzeichnis

ABS	Asset Backed Securities
AG	Aktiengesellschaft
Aufl.	Auflage
bzgl.	bezüglich
bzw.	beziehungsweise
ca.	circa
d.h.	das heißt
EDV	Elektronische Datenverarbeitung
eG	eingetragene Genossenschaft
€	Euro
EUR	Euro
EK	Eigenkapital
etc.	et cetera
evtl.	eventuell
EU	Europäische Union
FK	Fremdkapital
GbR	Gesellschaft bürgerlichen Rechts (auch BGB-Gesellschaft)
ggf.	gegebenenfalls
GmbH	Gesellschaft mit beschränkter Haftung
Hrsg.	Herausgeber
i.d.R.	in der Regel
KfW	Kreditanstalt für Wiederaufbau
KG	Kommanditgesellschaft
KMU	Kleine und mittelständische Unternehmen
KWG	Kreditwesengesetz
Mio.	Millionen
Nr.	Nummer
OHG	Offene Handelsgesellschaft
PE	Private Equity
S.	Seite

sog.	sogenannte/n/r
u.a.	und anderes / unter anderen
u.ä.	und ähnliches
usw.	und so weiter
v.a.	vor allem
Vgl.	Vergleiche
www.	world wide web
z.B.	zum Beispiel
z.T.	zum Teil

Abbildungsverzeichnis

Tabellenverzeichnis

1 Einleitung

„Der Wandel in der Unternehmensfinanzierung ist unaufhaltsam".[1] Diese Meinung wird seit einiger Zeit von einem Großteil der Experten aus dem Corporate Finance Bereich vertreten. Auch die Umsetzung von Innovationen zur Realisierung von Wachstum lässt sich ab einer bestimmten Größenordnung nicht mehr mit einem klassischen Bankkredit bewerkstelligen.[2] Die deutsche Wirtschaft stellt dies vor eine bedeutende Herausforderung. Die Wachstumsraten sind im Vergleich zu anderen europäischen und außereuropäischen Unternehmen mager.[3] Die Eigenkapitalquoten des deutschen Mittelstandes liegen weit unter den weltweiten Durchschnitten. Und die meisten deutschen Privatanleger sind nach jahrelanger Börsenbaisse und den Erfahrungen am Neuen Markt nicht mehr bereit, ihr Geld in Unternehmensanteile wie Aktien oder ähnliches risikotragendes Kapital zu investieren. Die Entwicklungen von Basel II und den damit einhergehenden Änderungen bei der Finanzierung von Unternehmen verstärken diese Entwicklung noch entscheidend, da sich v.a. die Großbanken scheinbar mehr und mehr aus dem Kreditgeschäft zurückziehen. Wird zukünftig eine generelle Verschiebung des Kreditportfolios zu einem bestimmen Kunden stattfinden (Großkunde oder Retailkunde)? Wird der klassische Bankkredit aussterben? Eine strategische Neuausrichtung des Kreditgeschäfts bei Banken wird vor allem kleine und mittlere Unternehmen betreffen.[4] Fraglich ist hier, wie sich Unternehmen in den nächsten Jahren finanzieren wollen und welche Arten von Finanzierungen für kleine und mittlere Unternehmen zur Verfügung stehen werden. Gibt es überhaupt realistische Alternative zum Bankkredit? Wie sind die Kosten für diese Art der Kapitalbeschaffung? Und wie wird sich die Kapitalstruktur deutscher Unternehmen in Zukunft gestalten? Ist es mit einem „mehr" an Eigenkapital getan? Und wenn ja, ist das überhaupt zu finanzieren? Trotz all dieser Unklarheiten und scheinbar problematischer Entwicklungen scheint es gleichzeitig auch neue Chancen sowohl für junge Unternehmen als auch für mittelständische KMUs zu geben, sich Kapital zur Finanzierung des Unternehmens zu besorgen. Diese neuen und innovativen (oder auch alternativen) Arten der Unternehmensfinanzierung

---

[1] o.V.: Wachstumschancen sichern; In: Süddeutsche Zeitung, Ausgabe Nr. 150, 02./03.07.05; S. 37
[2] Vgl.: Voss, Joachim: Service-Kapital – Fitness für Wachstum und IPO; In: Venture Capital 2001 – Jahrbuch für Beteiligungsfinanzierung; Brönner Verlag Breidenstein GmbH, Frankfurt, 2001; S. 53
[3] Vgl. De Luca, Claudio: Keine Rezession in Sicht; Capital „geld", Sonderheft Nr. 3, Dezember 2004; S. 6 f.
[4] Vgl. Walter, Norbert: Moderne Mittelstandsfinanzierung; In: Unternehmermagazin, Ausgabe 4/2005; S. 40

„gewinnen in der Praxis [...] zunehmend an Bedeutung"[5] und werden auch vermehrt nachgefragt[6], stellen aber gleichzeitig auch einige zusätzliche Anforderungen an die kapitalsuchenden Firmen. In der Realität scheitert der Einsatz von neuartigen Finanzierungsinstrumenten scheinbar oft an den hohen Fixkosten oder an einem mangelnden strategischen Abgleich mit der Unternehmensstrategie.[7] Die resultierenden zukünftigen Chancen und Risiken der stattfindenden Änderungen sollen auf den folgenden Seiten erläutert, dargestellt und diskutiert werden. Neben der Darstellung und Erläuterung von Finanzierungsalternativen wird im zweiten Teil eine empirische Erhebung mit den aktuellen Ergebnissen dargestellt. Hierbei soll sowohl der aktuelle Informationsstand auf Kapitalnehmerseite abgefragt werden als auch das zukünftig geplante Angebot für den Mittelstand auf Kapitalgeberseite. Ein möglicher Informations- und Beratungsbedarf, z.B. auf Kapitalnehmerseite könnte ebenso ein Ergebnis sein, wie das offensichtliche Vorliegen von Missverständnissen zwischen den Parteien.

Die Arbeit basiert sowohl auf theoretischen Betrachtungen und Überlegungen, welche aus Lehrbüchern, Studien und aktuellen Pressemitteilungen resultieren, als auch auf einer empirischen Erhebung mittels einer Fragebogenaktion, welche den aktuellen Stand darstellt und Tendenzen der Entwicklung erkennen lässt.

---

[5] Jänisch, Christian; Moran, Kevin: Eichel im Hinterkopf – Steuerliche Chancen und Risiken von Finanzierungsinstrumenten; In: Finance, Ausgabe März 2005; S. 78
[6] Vgl. Hofelich, Markus: Licht am Ende des Tunnels; In: Going Public Magazin – Sonderausgabe: Corporate Finance & Private Equity Guide 2005; März 2005; S. 3
[7] Vgl. Deibert, Volker: Innovative Finanzierungsinstrumente – Mezzanine & Co.: Die Kapital-Designer kommen!; In: Going Public Magazin – Sonderausgabe: Corporate Finance & Private Equity Guide 2005; März 2005; S. 40

2 Aktuelle Situation im deutschen Mittelstand

2.1 Der Mittelstand in Zahlen und Struktur

Wenn man vom deutschen Mittelstand spricht sollte man vorab eine Definition oder zumindest Abgrenzung bzw. Einschränkung des Begriffes vornehmen. Eine einheitliche Definition des Begriffs Mittelstand existiert nicht in der Theorie.[8] Meist redet man von Mittelstand, wenn man von familien- oder eigentümergeführten Unternehmen redet.[9] Nach EU-Definition sind kleine und mittelständische Unternehmen (KMU) „Betriebe, die nicht mehr als 250 Arbeitskräfte beschäftigen *und* entweder einen Jahresumsatz von höchstens 50 Mio. € erzielen oder eine Jahresbilanzsumme von höchstens 43 Mio. € erreichen *und* die nicht zu 25 % oder mehr des Kapitals oder der Stimmanteile im Besitz eines oder mehrerer Unternehmen gemeinsam stehen, welche die KMU-Definition nicht erfüllen (Unabhängigkeitskriterium)".[10]

Nach der sog. Mind-Studie, die von der Zeitschrift impulse in Zusammenarbeit mit der Sparkassen Finanzgruppe und dem Institut für Mittelstandsforschung Bonn im Jahr 2005 zum vierten Mal herausgegeben worden ist, ergeben sich folgende Erkenntnisse: Etwas weniger als die Hälfte (48,9 % der etwa 1,3 Mio. Unternehmen mit einem Jahresumsatz über 100.000 Euro bei weniger als 500 Mitarbeitern fielen 2004 in die Kategorie „Dienstleistungsunternehmen". Das sind knapp 1,3 % mehr als vier Jahre zuvor. Mit einem Anteil von fast zwei Dritteln (74,1 %) dominieren die Kleinunternehmen mit weniger als 9 Beschäftigten. 2004 hatten nur noch 2,0 % der Unternehmen mehr als 50 Mitarbeiter oder mehr (Rückgang um 3,6 Prozentpunkte).[11] Mit mehr als 20 Mio. Arbeitern und Angestellten ist und bleibt der Mittelstand einer der bedeutendsten Arbeitgeber der deutschen Wirtschaft.[12]

---

[8] Vgl. Betriebswirtschaftliches Forschungszentrum für Fragen der mittelständischen Wirtschaft e.V. an der Universität Bayreuth (BF/M-Bayreuth) (2001): [Finanzierungsbedürfnisse] von kleinen und mittleren Unternehmen, Abschlussbericht zur Umfrage mit selbem Titel, Bayreuth: BF/M, 2001; S. 6; zitiert bei: Brockhaus, Miriam: Basel II – Was das neue Credit Rating für mittelständische Unternehmen bedeutet; VDM Verlag Dr. Müller, Düsseldorf, 2002; S. 17

[9] Vgl. Hülsbömer, André: Deutschland AG einmal anders; In: Finance – Das Finanzmagazin für Unternehmer; Augabe März 2005; S. 3

[10] Vgl. Kfw Bank: Allgemeine Erläuterungen zur Definition der Kleinstunternehmen sowie der kleinen und mittleren Unternehmen (KMU); kfw Bank, Frankfurt, 2008; S. 1

[11] Vgl. Mind 04 (2005): Mittelstand in Deutschland, impulse/Sparkassen Finanzgruppe (Hrsg.)

[12] Vgl. Mind 02 (2001): Mittelstand in Deutschland, Dresdner Bank /Zeitschrift Impulse (Hrsg.)

Bei der Rechtsformwahl orientiert sich der mittelständische Unternehmer weg vom Einzelunternehmen hin zur Kapitalgesellschaft. Trotzdem werden mehr als zwei Drittel der mittelständischen Unternehmen von einem Inhaber oder geschäftsführenden Gesellschafter allein geführt. Doch sind nach eigenen Angaben nicht nur die Geschäftsführung sondern auch die Geschäftsanteile in fester Hand der Unternehmer. In den meisten Fällen (knapp 90 %) gaben die befragten Unternehmer sich selbst als Hauptgesellschafter an.[13] Nur 3,8 % der Unternehmen setzen bei der Geschäftsführung auf externe Chefs.[14]

2.2 Insolvenzen im deutschen Mittelstand

Im Jahr 2002 verzeichnete fast jedes zweite deutsche mittelständische Unternehmen (45,2 %) einen Umsatzrückgang im Vergleich zum Vorjahr. Zusätzlich ging im gleichen Zeitraum die Rendite in Bezug auf den erfolgten Umsatz bei den meisten Unternehmen zurück. Fast ein Drittel der Unternehmen beurteilten die Zahlungsweise der Kunden als schlecht. Die meisten Unternehmen (mehr als 87 %) müssen Forderungsausfälle verzeichnen.

Die grundsätzliche Tendenz zur sehr hohen Fremdfinanzierung von deutschen KMUs ist Ursache für die nur zögerliche Bereitschaft der Banken, weitere Kredite für die Unternehmensfinanzierung auszugeben. Selbst wenn man andere Bilanzierungsrichtlinien und die stärker gewichteten Rückstellungen von deutschen Unternehmen berücksichtigt, liegen die deutschen Eigenkapitalquoten entscheidend unter denen anderer europäischer Länder. Aufgrund der Öffnung des Kapital- und Kreditgeschäfts findet der Wettbewerb um Kapital nicht mehr nur national sondern international statt.

Zukünftig werden die Bonität, d.h. v.a. die Nachhaltigkeit der Erträge, die Stabilität der Vermögenswerte und deren Finanzierung sowie adäquate Liquidität wichtiger. Gleichzeitig werden qualitative Faktoren (Soft Facts) wie Unternehmensstrategie und Management stärker bei der Kreditvergabe berücksichtigt, da die Leistungen des Unternehmens nur dann optimal sind, wenn die Leistungen des Topmanagements überzeugen.[15] Hierzu werden verstärkt Gespräche mit den Unternehmenslenkern genutzt, da aus diesen oft das

---

[13] Vgl. Mind 02 (2001): Mittelstand in Deutschland, Dresdner Bank /Zeitschrift Impulse (Hrsg.).
[14] Vgl. Mind 04 (2005): Mittelstand in Deutschland, impulse/ Sparkassen Finanzgruppe (Hrsg.)
[15] Vgl. Drucker, Peter F.: Das Geheimnis effizienter Führung; In: Harvard Business Manager; Ausgabe August 2004; S. 26 ff.

Verständnis für Unternehmensstrategie und –finanzierung besser erläutert werden kann als durch die reinen Unternehmens- und Finanzdaten.[16] Basel II legt hier beim Unternehmensrating ein größeres Gewicht auf zukunftsorientierte Einschätzungen und reduziert den Einfluss vergangenheitsorientierter Kennzahlen. Dies alles geschieht unter Berücksichtigung der zu erwirtschaftenden Renditeforderungen der Bankgesellschafter. Gerade deutsche Banken sind hier im internationalen Vergleich oft nicht wettbewerbsfähig.

Abbildung 1: Unternehmensinsolvenzen in Deutschland [17]

Mit ca. 32.000 Geschäftsaufgaben rechnete die Auskunftei Creditreform für das Jahr 2010, womit nach einer Spitze durch die Wirtschaftskrise 2008 wieder ein Rückgang zu verzeichnen ist.[18]

Etwa 90 % aller Unternehmensinsolvenzen entfallen auf Betriebe mit weniger als 50 Mitarbeitern und durchschnittlichen Jahresumsätzen unter 10 Mio. DM (eigene Umrechnung: ca. 5 Mio. EUR). Hierbei sind v.a. junge Unternehmen mit einem Unternehmensalter von bis zu fünf Jahren betroffen.[19] Einen weiteren erheblichen Beitrag lieferten auch die sog.

---

[16] Vgl. Pratt, Shannon P.; Reilly, Robert F.; Schweihs, Robert P.: Valuing a Business; McGraw-Hill, New York, 4th Edition, 2000; S. 82

[17] Eigene Darstellung in Anlehnung an
http://www.creditreform.de/Deutsch/Creditreform/Presse/Archiv/Insolvenzen_Europa/2010-11/Insolvenzen_in_Europa_2010-11_de.pdf (Stand Februar 2011)

[18] Vgl. Creditreform Wirtschaftsforschung: Insolvenzen in Europa

[19] Vgl. Achleitner, Ann-Kristin; Everling, Oliver (Hrsg.): Existenzgründerrating – Rating junger Unternehmen; Gabler Verlag, Wiesbaden, 2004; S. 384

Ich-AGs. Die TU Dresden prognostizierte für das Jahr 2005 einen 90%igen Anstieg der Ich-AG-Abbrecher auf 90.000.[20]

An erster Stelle als Insolvenzgrund bzw. -auslöser steht überwiegend die mangelnde Liquidität. Diese ist oft in hohen Forderungsausfällen[21], verzögerten Zahlungseingängen von Kunden und dem schwankenden Absatz begründet. Der Großteil der Insolvenzen ist allerdings auf menschliche Fehler zurückzuführen, die fast immer schon längere Vorlaufzeiten hatten.[22]

Eine schleppende Konjunktur, wie wir sie seit einigen Jahren in Deutschland erleben, tut hierzu ein Übriges, den Markt extrem zu bereinigen. Dies wiederum führt zu zunehmend strengeren und vorsichtigeren Kreditvergaben der Banken, da sich die Kreditvergaben i.d.R. extrem prozyklisch entwickeln und damit auch entstehende Trends weiter verstärken.

Hier kommt dazu, dass in den Unternehmen oft kein ausreichendes kaufmännisches Wissen vorhanden ist. Gerade in kleineren Unternehmen werden unternehmensstrategische Entscheidungen meist wenig analysiert, diskutiert und systematisch beschlossen. Fachliche Expertise in Form externer Beratung kann hier sinnvoll oder sogar essentiell sein, um eine langfristig erfolgreiche Entwicklung des Unternehmens sicherzustellen.

Die zunehmende Offenheit und Transparenz der Unternehmen gegenüber den Banken und anderen Kapitalgebern muss sich erst als Selbstverständlichkeit in den Köpfen des KMU-Managements etablieren. Durch eine innovative und reformierte Denkhaltung der Unternehmer können auch diese in naher Zukunft wieder von den Vorzügen der Globalisierung profitieren.

---

[20] Vgl. o.V.: Nicht jeder Abbruch einer Ich-AG ist eine Pleite; In: Personalmagazin; Ausgabe 04/2005; S. 6
[21] Vgl. Hansmann, Ringle (2002): Finanzierung Mittelstand 2002, Universität Hamburg, Industrielles Management, Arbeitspapier Nr. 8
[22] Vgl. Achleitner, Ann-Kristin; Everling, Oliver (Hrsg.): Existenzgründerrating – Rating junger Unternehmen; Gabler Verlag, Wiesbaden, 2004; S. 423

2.3 Aktuelle Probleme des Mittelstandes

Der deutsche Mittelstand hat in den letzten Jahren und Jahrzehnten seine Eigenkapitalquote zunehmend reduziert. Dies war aufgrund der oft guten persönlichen Kontakte der
Unternehmenslenker zu den Kreditleitern selten ein Problem. Basel I unterschied bei der
EK-Unterlegung nicht nach der Risikohaltigkeit eines Kreditexposures. Der Banker ver-
lies sich damit mehr auf seine persönlichen Einschätzungen, was sich in einer stärker sub-
jektiven Einschätzung von Risiken und Chancen widerspiegelte. Mit Basel II wird sich
dies nun ändern. Die Anforderungen im Rahmen von Basel II sollen Objektivität sicherstellen und somit auch das Risiko einer Bankenkrise aufgrund größerer Ausfallraten an
Kreditvergaben vermindern. Dies trifft aktuell vor allem den deutschen Mittelstand, der
u.a. aufgrund der steuerlichen Gestaltungsmöglichkeiten alle gewerblichen Tätigkeiten
möglichst hoch fremdfinanziert hat. Dies wird nun zu einem Bumerang und bringt man-
ches Unternehmen in eine erhebliche Bedrängnis, wenn die Banken die Kreditlinien kür-
zen oder bestehende Kredite gar komplett streichen.

Was Basel II genau ist und welche Folgen daraus für deutsche KMUs resultieren, soll im
Folgenden dargestellt werden.

3 Basel II und der Einfluss auf den Mittelstand

3.1 Was ist Basel II?

§10 des Kreditwesengesetzes verlangt von allen Kreditinstituten, dass diese „[...] im Interesse der Erfüllung ihrer Verpflichtungen gegenüber ihren Gläubigern, insbesondere zur Sicherheit der ihnen anvertrauten Vermögenswerte, ein angemessenes haftendes Eigenkapital haben."[23] Ab einer Summe von 250.000 € sind Kreditinstitute nach §18 Kreditwesengesetz verpflichtet, die Bonität des Kreditantragstellers genau zu prüfen, bevor sie das Geld ausgeben.[24]

Unter Basel II versteht man das zweite Konsultationspapier des Baseler Ausschusses für Bankaufsicht der Kreditwirtschaft. Hier wurde festgelegt, dass die Bonität des Bankkunden bei der Vergabe von Krediten stärker berücksichtigt werden muss.[25] Es wird hier u.a. die Eigenkapitalunterlegung der Banken für die ausgegebenen Kredite geregelt. Nach der Baseler Eigenkapitalvereinbarung von 1988 (Basel I), wo die Eigenkapitalunterlegung pauschal mit 8 % vereinbart wurde, sind nun mit Basel II Kredite abhängig vom Ausfallrisiko zu unterlegen. Dies verhindert zukünftig, dass Schuldner mit guter Bonität die Ausfallrisiken der Schuldner mit schwächerer Bonität mittragen und damit mitbezahlen müssen. Damit wird eine adäquate Bepreisung des ausgegebenen Geldes erreicht. Je nach Risikoeinstufung werden unter Basel II die Eigenkapitalunterlegungen für ausgegebene Kredite zwischen 1,6 und 12% liegen. Für Private Equity Investitionen müssen Banken sogar 13 – 17% eigenes Geld hinterlegen.[26]

Durch die Nichtberücksichtigung von involvierten Risiken waren Bankdarlehen unter Basel I für schlechte Schuldner eigentlich immer zu günstig, für gute Schuldner zu teuer. Der Bankkredit hat bisher z.T. unternehmerische Risiken mitgetragen, ohne dafür marktgerecht entlohnt worden zu sein. Dass sich dies mit Basel II ändern wird, führt bei unvollständig informierten Unternehmen zu Ängsten, was die zukünftige Kapitalversorgung betrifft.

---

[23] §10 Abs.1 Satz 1 KWG.
[24] Vgl. Klein, Harald: Finanz-Check für Klein- und mittelständische Unternehmen; Ueberreuter Verlag, Wien/Frankfurt, 1998; S. 155
[25] www.business-wissen.de/index.php?main=wissen&akt=1085&prn=1
[26] Vgl. Deibert, Volker: Private Equity-Investitionen; In: Venture Capital Magazin; Ausgabe Dezember 2004; S. 24

3.2 Was ändert sich mit Basel II für KMUs?

Wie bereits angesprochen, werden sich die Kapitalkosten für ausgegebenes Geld stark an den implizierten Risiken orientieren. Dies wird eine marktgerechte Entlohnung für Kapital jeglicher Art möglich machen. Die Feststellung des Ausfallrisikos erfolgt durch ein internes oder externes Rating. Da deutsche Unternehmen mit einer durchschnittlichen Eigenkapitalquote von ca. 17% im internationalen Vergleich eher schlecht aufgestellt sind und die Eigenkapitalquote ein wichtiger Baustein des Ratings ist, wird Basel II v.a. die deutschen Unternehmen entsprechend betreffen.

Konkret ändert sich bei der Kreditvergabepraxis folgendes:[27]

> ➤ Fokussierung der Banken auf Risiko, Ertrag und Cashflow
> ➤ Stärkeres Gewicht auf Zukunftsprognosen der Unternehmen
> ➤ Verknappung der Kreditvolumina bzw. Verteuerung der Kreditkonditionen bei unzureichendem Eigenkapital und schlechten Ertragsaussichten
> ➤ Keine Kreditvergabe bei schlechter Bonitätseinstufung
> ➤ Größere Anforderungen an Controlling, Offenheit und Transparenz der Unternehmen gegenüber der Bank
> ➤ Allgemeine Verteuerung der Kreditkonditionen aufgrund von Ratingkosten

Von den erwähnten Punkten wird gerade bei kleineren Unternehmen oft in den ersten Jahren ein fundiertes Controlling vernachlässigt.[28] Mit der Zunahme der Komplexität der Unternehmensstrukturen und der Größe des Unternehmens wird es umso wichtiger werden durch geeignete Instrumente zur Unternehmensführung und Steuerung, den Überblick zu behalten. Auch lassen sich nur auf diese Weise profitable von unprofitablen Geschäftsbereichen unterscheiden und entsprechende Maßnahmen zur Unternehmenswertsteigerung einleiten. Etliche Unternehmenspleiten hätten durch ein geeignetes Frühwarnsystem im Unternehmen verhindert werden können. In diesem Falle ist dabei eine reine

---

[27] Vgl. Haunerdinger, Monika: Unternehmensrating leicht gemacht – Wohin führt der Weg nach Basel II; Wirtschaftsverlag Carl Ueberreuter, Frankfurt/Wien, 2003; S. 9
[28] Vgl. Fischl, Bernd: Wellness als Geschäftsidee – Erstellung eines Businessplans für ein Gesundheitsdienstleistungsunternehmen; Diplomarbeit am Department für Dienstleistungsökonomik, TU München, Prof. Dr. Dieter Witt; 05/2002; S. 62 f.

Orientierung z.B. am Deckungsbeitrag nicht zielführend.[29] Die entstehenden Kosten sind entsprechend Kostenträgern, Kostenstellen und Kostenarten zu unterscheiden.

Das resultierende Risiko und damit auch die Ausfallwahrscheinlichkeit, die durch ein Rating bestimmt wird hat auch Einfluss auf die Bewertung eines Unternehmens, da der Wert eines Unternehmens die kapitalisierten Ertragserwartungen widerspiegelt.[30] Bei der Analyse der aktuellen Finanzlage (Zeitpunktbetrachtung) bzw. Darstellung der Kapitalaufbringung wird sowohl die Art des Kapitals betrachtet als auch die Fristigkeit berücksichtigt.[31] Die unterschiedlichen Unsicherheiten bzw. Risiken in Unternehmen (oder auch Projekten) können u.a. durch eine adäquate Diskontierung zur Ermittlung des risikogewichteten Unternehmenswertes eingepreist werden.[32]

Basel II könnte zu einer erheblichen Verknappung der Kredite für die deutsche Wirtschaft führen.[33] Gerade die kleineren Unternehmen werden aufgrund der höheren Risikozuschläge bei einem vorgenommenem Rating (intern oder durch externe Ratingagentur) erhebliche Aufschläge beim Zins zu tragen haben.[34]

Wie gerade diese Unternehmen die auftretenden Probleme im Finanzierungsbereich in den Griff bekommen können, ist Thema dieser Arbeit.

[29] Vgl. Deutsch Christian: Wege aus der Krise; In: Markt und Mittelstand; Ausgabe März 2002, S. 90
[30] Vgl. Tichy, Geiserich E.: Unternehmensbewertung; Industrieverlag Peter Linde GmbH, Wien; 1990; S. 74
[31] Vgl. Born, Karl: Unternehmensanalyse und Unternehmensbewertung; Schäffer Poeschel Verlag, Stuttgart, 1995; S. 79
[32] Vgl. Drukarczyk, Jochen: Unternehmensbewertung; Verlag Vahlen, München, 2. überarbeitete und erweiterte Auflage, 1998; S. 61ff.
[33] vgl. o.V.: Neues über Basel II; In: Bankmagazin, Ausgabe 02/2002, S. 9
[34] vgl. Häring, Christian: ...Basel II?; In: brand eins Wirtschaftsmagazin; Ausgabe 02/2002, S.102 f.

4 Finanzierungsformen für den deutschen Mittelstand

Mit dem Begriff „Finanzierung" werden alle Maßnahmen beschrieben, die in Zusammenhang mit der Beschaffung und der anschließenden Rückzahlung von Kapital stehen.[35] Unter einem Finanzierungsplan oder auch -konzept versteht man die Organisation aller essentiellen Punkte, die für die Unternehmensfinanzierung kurz-, mittel und langfristig notwendig sind. Nahezu die Hälfte aller mittelständischen Unternehmen hat diesen Planungsbereich in den letzten Jahren vernachlässigt.[36] Die Gewichtigkeit der angesprochenen Planung wird deutlich, wenn man sich die Insolvenzgründe genauer betrachtet. Hier sind Finanzierungsprobleme die häufigste Ursache für das Scheitern von jungen Unternehmen.[37] Bei den Finanzierungsproblemen ist es wiederum die Liquidität, die den Unternehmen Probleme bereitet. Deshalb ist bei der Finanzierungsplanung des Unternehmens eine Trennung von Liquiditäts- und Erfolgsaspekten unabdingbar.[38] Eine Zahlungsunfähigkeit kann ansonten trotz rentabler Geschäftstätigkeit die Folge sein.

Bis vor wenigen Jahren waren deutsche KMUs weitgehend über Bankdarlehen und – kredite finanziert. Gerade der deutsche Finanzplatz verharrte in den letzten Jahren zu lange bei den althergebrachten Praktiken.[39] Fremdkapital war für den überwiegenden Anteil der Unternehmen relativ unproblematisch bei der Hausbank zu bekommen. Mit den Änderungen der letzten Jahre nicht nur aber auch aufgrund Basel II wird der Kreditgeber u.a. zunehmend die Kapitalstruktur des Unternehmens näher betrachten und genauer analysieren. Die aktuelle Kapitalstruktur ist immer entsprechend der jeweiligen Finanzierungsziele zu gestalten. Wichtige Finanzierungsziele sind hierbei bspw. die Sicherung der Liquidität, Flexibilität und/oder Unabhängigkeit.[40] Grundsätzlich nimmt die Stabilität einer Fi-

---

[35] vgl. Rohr, Ulrich (Hrsg.): Management und Markt – Unternehmensführung und gesamtwirtschaftlicher Rahmen; Beck-Wirtschaftsberater im dtv; Deutscher Taschenbuch Verlag, München, 1994; S. 275

[36] vgl. o.V.: Mittelständler unter Druck; In: W & V, Ausgabe 47; 23.11.2001, S. 10

[37] vgl. Dowling, Michael/Drumm, Hans-Jürgen (Hrsg.): Gründungsmanagement; Springer-Verlag, Berlin, Heidelberg, New York, 2002, S. 26

[38] vgl. Klandt, Heinz: Gründungsmanagement: Der integrierte Unternehmensplan; Oldenbourg Verlag, München, Wien, 1999, S. 174

[39] Vgl. Kerber, Markus, C.: Eigenkapitalverwandte Finanzierungsinstrumente – Zum Finanzierungspotential von Wandelschuldverschreibungen aus aktienrechtlicher Sicht; Schäffer-Poeschel Verlag, Stuttgart, 2002; S. X

[40] vgl. Rehkugler/Schindel: Finanzierung; Verlag V. Florentz, 3. Auflage, München, 1986, S. 124

nanzierung mit steigendem Eigenkapitalanteil zu.[41] Jungunternehmen sollten aus diesem Grund mit bis zu 100% Eigenkapital finanziert sein.[42] Die Gesellschafter bzw. Aktionäre verfolgen meist das Ziel, die Rendite des eingesetzten Eigenkapitals zu maximieren.[43]

Die Komponenten, aus denen sich eine Unternehmensfinanzierung zusammensetzt, werden im Folgenden dargestellt. Hierbei wird unterschieden zwischen Eigenkapital, Fremdkapital und der Mischform Mezzanine-Kapital. Diese drei Kapitalarten werden im Folgenden nun kurz vorgestellt um Ansätze einer möglichen Abgrenzung aufzuzeigen oder zumindest anzudeuten. Eine detailliertere Betrachtung scheint in diesem Zusammenhang nicht notwendig und zielführend zu sein. Es soll deshalb an dieser Stelle auf tiefergehende Erläuterungen verzichtet werden.

4.1 Eigenkapital

Eine exakte Definition für die Abgrenzung von Eigenkapital ist nicht immer einfach, da eine Vielzahl von Finanzierungskontrakten existiert.[44] Zu Eigenkapital gehören bspw. die Selbstfinanzierung, das voll- oder teilhaftende Kapital sowie Stamm- oder Vorzugsaktien.[45]

Eigenkapital stellt in Unternehmen die bilanzielle Gegenposition zu den eingebrachten Gütern dar. Bilanziell wird Eigenkapital eingeteilt in Gezeichnetes Kapital, Kapitalrücklage, Gewinnrücklagen, Gewinnvortrag/Verlustvortrag und Jahresüberschuss- / Jahresfehlbetrag.[46]

Eigenkapital wird in Unternehmen durch Gewinne vermehrt und durch Verluste gemindert. Genauso erhöhen bzw. vermindern Einlagen und Entnahmen durch die Gesellschafter das Eigenkapital.[47] Es handelt sich um haftendes Kapital, d.h. Kapital, das bei einer

[41] Vgl. Lachenmaier, Dieter: Krisensicher finanzieren ohne Bank; mvg-Verlag, Landsberg a. L., 1999; S. 11
[42] Vgl. Wipfli, Cyrill: Unternehmensbewertung im Venture Capital-Geschäft – Herleitung von Einflussfaktoren und deren empirische Überprüfung in der Praxis; Verlag Paul Haupt, Bern/Stuttgart/Wien, 2001; S. 199
[43] vgl. Rehkugler/Schindel: Finanzierung; Verlag V. Florentz, 3. Auflage, München, 1986, S. 129 f.
[44] Vgl. Drukarczyk, Jochen: Finanzierung – Eine Einführung; Lucius & Lucius Verlag, Stuttgart, 9. neu bearbeitete Auflage, 2003; S. 261
[45] Vgl. Fischl, Bernd: Wellness als Geschäftsidee – Erstellung eines Businessplans für ein Gesundheitsdienstleistungsunternehmen; Diplomarbeit am Department für Dienstleistungsökonomik, TU München, Prof. Dr. Dieter Witt; 05/2002; S. 64
[46] Vgl. Schmolcke, Nikolaj: Das ABC der frisierten Bilanzen – Grundlagen, Feinheiten und Ungereimtheiten des Buchens; OPS Verlagsgesellschaft mbH, München, 1999; S. 211
[47] Vgl. Zöllner, Wolfgang: Was Führungskräfte von Finanzierung wissen müssen; Wilhelm Heyne Verlag, München, 1976; S. 18

eventuellen Insolvenz zuletzt bedient und ausgeschüttet wird. Wird diese Kapitalart nicht vom Unternehmer selbst eingebracht, bieten sich ab einer bestimmten Größe Beteiligungsgesellschaften an, die sog. Private Equity (PE) zur Verfügung stellen. Mit Private Equity-Investments werden Eigenkapital- oder eigenkapitalähnliche Beteiligungen bezeichnet, welche von privaten oder auch institutionellen Investoren für noch nicht börsennotierte Unternehmen mittelfristig zur Verfügung gestellt werden.[48] Die bekanntesten PE-Gesellschaften in der Branche sind Kohlberg-Kravis-Roberts (KKR), Allianz Capital Partners, Apax, Blackstone, Texas Pacific Group, Carlyle und Bridgepoint. Fast alle genannten stammen aus dem angelsächsischen Raum. Mit 61 Deals und Investitionen in Höhe von ca. 20 Mrd. EUR war im Jahr 2004 ein erneuter Rekord zu verzeichnen, sowohl was die Anzahl der Buy out-Deals als auch das Volumen dieser anbetrifft.[49]

4.2 Fremdkapital

Fremdkapital (im Handelsgesetzbuch wird der Begriff Verbindlichkeiten verwendet[50]) wird dem Unternehmen von einem Dritten für bestimmte Zeit überlassen. Zu Fremdkapital zählen z.b. langfristige oder kurzfristige Kredite, Obligationen oder Schuldscheindarlehen sowie Bank- oder Lieferantenkredite.[51] Meist wird hierfür ein bestimmter Zins festgelegt. Es erfolgt in diesem Zusammenhang ein Schuldverhältnis, kein Beteiligungsverhältnis.[52] Bilanziell wird Fremdkapital eingeteilt in Verbindlichkeiten und Rückstellungen.[53] Aufgrund der geringeren Rentabilitätsorientierung von Kreditgebern (im Vergleich zu Eigenkapitalgebern) empfiehlt es sich bei reiner Renditebetrachtung, den Kreditanteil in der Unternehmensfinanzierung möglichst hoch zu halten.[54]

---

[48] Vgl. Booz Allen Hamilton (Hrsg.): Strategic Corporate Finance – Unternehmenswertsteigerung durch profitables Wachstum; Wirtschaftsverlag Carl Ueberreuther, Frankfurt/Wien, 2002; S. 376
[49] Vgl. o.V.: Wühltisch Deutschland; In: Euro, Ausgabe 05/2005; S. 28 ff.
[50] Vgl. Werner, Horst S.: Mezzanine-Kapital – Mit Mezzanine-Finanzierung die Eigenkapitalquote erhöhen; Bank-Verlag GmbH, Köln; 1.Ausgabe, 2004; S. 16
[51] Vgl. Fischl, Bernd: Wellness als Geschäftsidee – Erstellung eines Businessplans für ein Gesundheitsdienstleistungsunternehmen; Diplomarbeit am Department für Dienstleistungsökonomik, TU München, Prof. Dr. Dieter Witt; 05/2002; S. 64
[52] Vgl. Zöllner, Wolfgang: Was Führungskräfte von Finanzierung wissen müssen; Wilhelm Heyne Verlag, München, 1976; S. 18
[53] Vgl. Schmolcke, Nikolaj: Das ABC der frisierten Bilanzen – Grundlagen, Feinheiten und Ungereimtheiten des Buchens; OPS Verlagsgesellschaft mbH, München, 1999; S. 196
[54] Vgl. Bygrave, William D.; Hay, Michael; Peeters, Jos B. (Hrsg.): Das Financial Times Handbuch Risikokapital; Financial Times Deutschland, Pearson Education Deutschland GmbH; 2000; S. 214

4.3 Mezzanine-Kapital als alternative Finanzierungsform

Im angloamerikanischen Raum wird ein auftretender Finanzierungsbedarf schon seit längerem durch Finanzierungsformen gedeckt, die zwischen Eigen- und Fremdkapital angesiedelt sind und als Mezzanine-Kapital bezeichnet werden. Auch im deutschsprachigen Raum erfreuen sich diese Finanzierungsformen zunehmender Beliebtheit.[55] Gerade für den Mittelstand sind diese Instrumente interessant, da dieser meist mehr Probleme mit der Kapitalbeschaffung hat als börsennotierte Unternehmen.[56] Langsam bemerkt man auch in Deutschland eine zunehmende Bedeutung dieser alternativen Finanzierungsformen.[57]

Mezzanine heißt übersetzt „Zwischengeschoss" und meint im Finanzierungszusammenhang eine Mischung aus Eigen- und Fremdmitteln. Mezzanine Finanzierungen bieten sich u.a. an, wenn es zu Engpässen an Eigen- und/oder Fremdkapital kommt und der Investor kein echtes Eigenkapital zur Verfügung stellen will oder kann.

Dies kann folgende Gründe haben:[58]

> ➢ Es wurde keine Einigung bei der Unternehmensbewertung zwischen Käufer und Verkäufer erzielt

> ➢ Es soll keine Verwässerung der bisherigen Anteilsstrukturen verursacht werden

> ➢ Es soll der Familiencharakter des Unternehmens weiterhin erhalten bleiben.

Sowohl haftungsrechtlich als auch bei der Vergütung dieser Kapitalform liegt mezzanines Kapital zwischen Eigen- und Fremdkapital, d.h., Mezzanine-Kapital wird im Insolvenzfalle erst nach erfolgter Kredittilgung zurückbezahlt und erhält dieses Risiko mit einem höheren Zins vergütet.

Für den Kapitalnehmer ist diese Finanzierungsart von Vorteil, weil der Kapitalgeber i.d.R. nicht als Gesellschafter beteiligt ist und somit keine Mitspracherechte hat. Gleichzeitig wird noch das notwendige Eigenkapital reduziert. Die Fristigkeit von Mezzanine-Kapital wird meist mit 5-10 Jahren angegeben. Die Renditeansprüche liegen je nach Risi-

---

[55] Vgl. Guserl, Richard; Pernsteiner, Helmut: Handbuch Finanzmanagement in der Praxis; Gabler Verlag, Wiesbaden, 1. Auflage 2004; S. 820 ff.

[56] Vgl. Rödl, Bernd; Zinser, Thomas: Going Public – Der Gang mittelständischer Unternehmen an die Börse; Frankfurter Allgemeine Zeitung, Verlagsbereich Buch, Frankfurt, 1999; S. 80

[57] Vgl. Jänisch, Christian; Moran, Kevin: Eichel im Kopf – Steuerliche Chancen und Risiken von Finanzierungsinstrumenten; In: Finance; Ausgabe März 2005; S. 78f.

[58] Vgl. Stadler, Wilfried (Hrsg.): Venture Capital und Private Equity – Erfolgreich wachsen mit Beteiligungskapital; Fachverlag Deutscher Wirtschaftsdienst, Köln, 2000; S. 109

ko und Besicherung meist zwischen 10 und 20 %.[59] [60] In diesem Zusammenhang haben auch Beteiligungsgesellschaften an Bedeutung gewonnen.[61] Bisher wurde eine Festverzinsung meist mit einem variablen Anteil (dem sog. Equity-Kicker) kombiniert. Durch den Einsatz eine Equity-Kickers lassen die laufenden Finanzierungskosten deutlich senken und damit den freien Cash Flow zu schonen, da der Mezzanine-Kapital-Geber auch an einer erfolgreichen Unternehmensentwicklung partizipieren kann.[62]

NeuerdingsIn neuerer Zeit werden auch immer mehr Mezzanine-Finanzierungen ohne Equity-Kicker angewendet.[63] Neben Private Equity bietet Mezzanine-Kapital für die allermeisten mittelständischen Unternehmen die einzige Form der Kapitalbeschaffung zur Beseitigung der Eigenkapitalknappheit.[64] Aufgrund dieses positiven Einflusses auf die Finanzierungsstruktur findet diese Kapitalart immer mehr Einzug bei der Finanzierung von Unternehmenskäufen.[65] Ein gutes und prominentes Beispiel für eine erfolgreiche und praktikable Umsetzung ist hier die Finanzierung des Unternehmens Triumph Adler.[66]

Mezzanine Kapital ist auch für institutionelle Investoren interessant, da es ein nachgewiesenermaßen geringes Risiko zu verzeichnen hat.[67]

Da die Bandbreite der Gestaltungsmöglichkeiten sehr groß ist, sollen im folgenden die üblichen Ausprägungen dieser Finanzierungsart dargestellt werden. Mezzanine Finanzierungen sind immer auf diese Arten (oder eine Kombination dieser) zurückzuführen.

Auf Mezzanine Formen im weiteren Sinne wie z.B. High Yield Bonds o.ä. soll an dieser Stelle nicht eingegangen werden.

---

[59] Vgl. Beck, Martin: Local Heroes – M&A Transaktionen bei kleineren mittelständischen Unternehmen; In: Venture Capital Magazin; Ausgabe November 2004; S. 87
[60] Vgl.Guserl, Richard; Pernsteiner, Helmut: Handbuch Finanzmanagement in der Praxis; Gabler Verlag, Wiesbaden, 1. Auflage 2004; S. 826
[61] Vgl. Rödl, Bernd; Zinser, Thomas: Going Public – Der Gang mittelständischer Unternehmen an die Börse; Frankfurter Allgemeine Zeitung, Verlagsbereich Buch, Frankfurt, 1999; S. 109
[62] Vgl. Stadler, Wilfried (Hrsg.): Venture Capital und Private Equity – Erfolgreich wachsen mit Beteiligungskapital; Fachverlag Deutscher Wirtschaftsdienst, Köln, 2000; S. 112
[63] Vgl. o.V.: Leveraged Finance - Preisdruck in der Akquisitionsfinanzierung; In: Finance – Das Finanzmagazin für Unternehmer; Ausgabe April 2005; S. 6
[64] Vgl. Walter, Norbert: Moderne Mittelstandsfinanzierung; In: Unternehmermagazin, Ausgabe 4/2005; S. 41
[65] Vgl. Oebel, Ginette: Anlässe für die Aufnahme von Mezzanine-Kapital - Mehrere Möglichkeiten; In: Unternehmermagazin, Ausgabe 4/2005; S. 44
[66] Vgl. Dentz, Markus: Der Adler soll wieder fliegen – Triumph Adler baut in heikler Finanzierungssituation radikal um; In: Finance – Das Finanzmagazin für Unternehmer; Ausgabe Mai 2005, S. 56ff.
[67] Vgl. Golland, Frank: Die etwas andere Anlageklasse – Besonderheiten von Investments in Mezzanine; In: Finance – Das Finanzmagazin für Unternehmer; Ausgabe Juli/August 2005; S. 80

4.3.1 Stille Beteiligung

Eine relativ bekannte Ausprägung von mezzaninem Kapital ist die stille Beteiligung. Es handelt sich, wie bei einem Nachrangdarlehen, um eine zeitlich begrenzte Kapitalüberlassung, die nach Ablauf der Frist wieder zurückzuführen ist. Im Unterschied zum erwähnten Nachrangdarlehen hat eine stille Gesellschaft eine „stärkere gesellschaftsrechtliche Komponente".[68]

Hierbei partizipiert der stille Gesellschafter an den Unternehmenserträgen; eine Beteiligung an den Verlusten kann ganz oder teilweise ausgeschlossen werden. Alle Gesellschaftstypen bzw. Rechtsformen können eine stille Gesellschaft gründen.[69]

Man unterscheidet grundsätzlich zwei Typen von stillen Beteiligungen: typische und atypische stille Beteiligungen: Der typische Gesellschafter hat eher kreditgebenden Charakter, der atypisch stille Gesellschafter hat mehr Mitunternehmerstellung und partizipiert somit auch zu einem Teil an dem Erfolg des Unternehmens.

4.3.2 Options-/Wandelanleihe

Nach §221 AktG bezeichnet man mit Wandelschuldverschreibungen, Schuldverschreibungen, die dem Gläubiger ein Umtausch- oder auch Bezugsrecht auf Aktien einräumen.[70] Unter wirtschaftlicher Betrachtungsweise handelt es sich bei Wandel- und Optionsanleihen um „wertpapierverbriefte Darlehen, die mit einer Eigenkapitaloption versehen sind"[71].

Bei diesem weiteren Instrument für die Unternehmensfinanzierung unterscheidet man Wandelanleihen und Optionsanleihen. Wandelanleihen räumen dem Inhaber das Recht ein, die erworbene Anleihe zu einem bestimmten Zeitpunkt und Kurs in Aktien umzutauschen. Zu regeln sind in den Vertragsbedingungen v.a. die Laufzeit der Anleihe, die Ver-

---

[68] Vgl. Stadler, Wilfried (Hrsg.): Venture Capital und Private Equity – Erfolgreich wachsen mit Beteiligungskapital; Fachverlag Deutscher Wirtschaftsdienst, Köln, 2000; S. 111

[69] Vgl. Geisel, Barbara R.: Eigenkapitalfinanzierung – Praxiserprobte Instrumente zur Steigerung der Liquidität; Gabler Verlag, Wiesbaden, 2004; S. 22

[70] Vgl. Kerber, Markus, C.: Eigenkapitalverwandte Finanzierungsinstrumente – Zum Finanzierungspotential von Wandelschuldverschreibungen aus aktienrechtlicher Sicht; Schäffer-Poeschel Verlag, Stuttgart, 2002; S. 10

[71] Werner, Horst S.: Mezzanine-Kapital – Mit Mezzanine-Finanzierung die Eigenkapitalquote erhöhen; Bank-Verlag GmbH, Köln; 1.Ausgabe, 2004; S. 101

zinsung als auch Kündigungsmöglichkeiten und Rückzahlungsmodalitäten.[72] In dieser Form ist die Verzinsung fest und die Kapitalrückzahlung garantiert. Der Zins liegt hier etwas niedriger als bei einer normalen Anleihe.[73] Bei Optionsanleihen wird lediglich zusätzlich zur Anleihe eine Option eingeräumt, die durch das Einbringen von zusätzlichem Kapital ein Erwerbsrecht für eine Aktie einräumt. Die Anleihe besteht dann weiterhin.[74] [75] Zu regeln bleibt in diesem Falle die Rückzahlung des Darlehens, welche unabhängig von der Ausübung des vorliegenden Bezugsrechts eingefordert werden kann.[76]

4.3.3 Genussscheine/-rechte

Unter Genussrechten versteht man Vermögensrechte und keine Beteiligungs- bzw. Mitgliedsrechte, d.h., sie bieten keinerlei Stimm-, Anfechtungs- oder Informationsrecht. Bei eigenkapitalähnlichen Genussrechten ist v.a. die Gewinnbeteiligung in den Genussrechtsbedingungen zu regeln.[77] Liegt eine Verbriefung in Vermögensrechte vor spricht man auch von Genussscheinen.[78] Aufgrund der fehlenden gesetzlichen Definition und des fehlenden Merkmalskataloges ist der Spielraum für vertragliche Gestaltungen sehr groß.[79] Dies ist auch bei der Einschätzung des zur Verfügung gestellten Kapitals zu berücksichtigen, wenn man eine Beurteilung vornehmen will, ob es sich eher um Fremd- oder Eigenkapital handelt. Nach § 10 (5) KWG ist es dem haftendem Eigenkapital zuzurechnen, wenn folgende Bedingungen erfüllt sind:[80]

- Volle Partizipation am Verlust
- Nachrangigkeit gegenüber anderen Gläubigern
- Laufzeit der Überlassung beträgt mind. 5 Jahre

---

[72] Vgl. Achleitner, Ann.-Kristin; von Einem Christoph; von Schösser, Benedikt: Private Debt – alternative Finanzierung für den Mittelstand; Schäffer-Poeschel Verlag, Stuttgart, 2004; S. 159
[73] Vgl. Geisel, Barbara R.: Eigenkapitalfinanzierung – Praxiserprobte Instrumente zur Steigerung der Liquidität; Gabler Verlag, Wiesbaden, 2004; S. 55
[74] Vgl. Gereth, B.; Schulte, K.W.:Mezzanine-Finanzierung; Bergisch-Gladbach, Köln, 1992; S.70 f.
[75] Vgl. Müller, O.: Mezzanine Finance: Neue Perspektiven in der Unternehmensfinanzierung; Bern u.a., 2003; S. 219 ff.
[76] Vgl. Achleitner, Ann.-Kristin; von Einem Christoph; von Schösser, Benedikt: Private Debt – alternative Finanzierung für den Mittelstand; Schäffer-Poeschel Verlag, Stuttgart, 2004; S. 160
[77] Vgl. Achleitner, Ann.-Kristin; von Einem Christoph; von Schösser, Benedikt: Private Debt – alternative Finanzierung für den Mittelstand; Schäffer-Poeschel Verlag, Stuttgart, 2004; S. 155
[78] Vgl. Drukarczyk, Jochen: Theorie und Politik der Finanzierung; 2. völlig überarbeitete Auflage, Vahlen Verlag, München, 1993; S. 582
[79] Vgl. Geisel, Barbara R.: Eigenkapitalfinanzierung – Praxiserprobte Instrumente zur Steigerung der Liquidität; Gabler Verlag, Wiesbaden, 2004; S. 48
[80] Vgl. Drukarczyk, Jochen: Theorie und Politik der Finanzierung; 2. völlig überarbeitete Auflage, Vahlen Verlag, München, 1993; S. 583

- Rückzahlungsanspruch wird nicht vor 2 Jahren fällig

- Genussrechtskapital übersteigt nicht 25 % der haftenden Eigenmittel

Im Jahr 2004 wurden allein durch zwei standardisierte Programme Genussscheine mit einem Volumen von über 1 Milliarde Euro ausgegeben.[81] Gerade für jüngere Unternehmen sind Genussrechte aufgrund der großen Fungibilität wohl die interessanteste Form aller mezzaninen Finanzierungsformen.[82] Wie vielfältig die Ausgestaltung dieser Finanzierungsform ist, kann an anderer Stelle nachgelesen werden.[83]

4.3.4 Nachrangdarlehen

Bei den Nachrangdarlehen handelt es sich um die wohl schwächste Form aller mezzaninen Finanzierungsformen. Eine Verlustteilnahme findet hier nicht statt, eine Gewinnbeteiligung ist möglich aber nicht unbedingt zwingend.[84] Nachrangdarlehen sind relativ stark verbreitet.[85] Sie werden entsprechend dem Namen erst nach herkömmlichem Fremdkapital bedient, wenn es zu Zahlungsverzögerungen des Unternehmens kommt. Zusätzlich erhält der Investor bzw. Geber des Nachrangdarlehens erst Zinsen, wenn eine ordnungsgemäße Bedienung aller Fremdkapitalgeber sichergestellt ist. Diese Nachrangigkeit wird durch einen sog. Rangrücktritt sichergestellt.[86]

4.4 Finanzierungshilfen

Neben den vorgestellten Finanzierungsformen und -möglichkeiten können Unternehmen auf sog. Finanzierungshilfen zurückgreifen, die u.a. die Liquiditätssituation und/oder die Kreditwürdigkeit des Unternehmens verbessern können. Im Folgenden sollen Factoring, Leasing und Forfaitierung als gängige und weitgehend bekannte Hilfen kurz angespro-

[81] Vgl. Dentz, Markus: Der „Neue Markt" für Genussscheine – in guten wie in schlechten Zeiten?; In: Finance – Das Finanzmagazin für Unternehmer, Ausgabe Juli/August 2005; S. 58 ff.
[82] Vgl. Heinemann, Stephan: Frühphasenfinanzierung auf Abwegen – Innovative Finanzierungsinstrumente für Start-up-Unternehmen; In: Finance – Das Finanzmagazin für Unternehmer; Ausgabe Juni 2005; S. 53
[83] Vgl. Drukarczyk, Jochen: Theorie und Politik der Finanzierung; 2. völlig überarbeitete Auflage, Vahlen Verlag, München, 1993; S. 586 f.
[84] Vgl. Stadler, Wilfried (Hrsg.): Venture Capital und Private Equity – Erfolgreich wachsen mit Beteiligungskapital; Fachverlag Deutscher Wirtschaftsdienst, Köln, 2000; S. 110
[85] Vgl. Zantow, Roger: Finanzierung: Die Grundlagen modernen Finanzmanagements; Pearson Studium, München, 2004; S. 146
[86] Klinger, Franz; Müller, Michael (Hrsg.): Basel II & Immobilien; lexxicon Verlag, 2003; S. 82

chen werden. Des Weiteren werden Asset Backed Securtities (ABS) als relativ neues aber zunehmend beliebteres Instrument vorgestellt.

4.4.1 Factoring

„Factoring ist der laufende Ankauf von Lieferungs- und Leistungsforderungen innerhalb einer Rahmenvereinbarung durch ein darauf spezialisiertes Unternehmens, den Factor."[87] Der Factor räumt dabei Zahlungsziele ein, finanziert die entsprechenden Beträge im Voraus, überwacht die Zahlungseingänge, organisiert und verantwortet das Mahnwesen und übernimmt ggf. auch das Ausfallrisiko.[88] Factoring wird v.a. verwendet bei Umsätzen des Unternehmens von mehreren Millionen EUR, sowie Einzelrechnungen gegenüber den Schuldnern, die nur bei einigen tausend EUR liegen müssen. Gleichzeitig sollte der Abnehmerkreis konstant sein, sowie die Forderungen nachträglich meist nicht zu korrigieren sind.[89] Dies würde den Verwaltungsaufwand erheblich erhöhen. Der typische Factorkunde ist ein Unternehmen mittlerer Größe, das nicht groß genug ist, diese Leistungen selbst zu erbringen, allerdings groß genug, um vom Factor akzeptiert zu werden. Meist weisen diese Unternehmen auch ein größeres Wachstum an Kundenforderungen aus, das von Kreditinstituten nur ungenügend beliehen werden würde. Problematisch sind im Factoring oft das Image bei Verkauf der Forderungen, sowie die Gefahr, einen Kunden zu verlieren, wenn die Forderungen zu schroff eingetrieben werden.[90] Je nach Kunde können allerdings Vereinbarungen mit dem Factor getroffen werden, die diese Probleme verhindern oder zumindest verringern.

Die Factoring-Branche hatte im Jahre 2004 einen deutlichen Zuwachs zu verzeichnen.[91] Neueren Angaben zufolge entwickelte sich die Branche bis 2008 gut und wuchs auf ein Volumen von 103,81 Mrd. Euro. Im Jahre 2009 mussten die Institute allerdings einen Rückgang um 7,34 % feststellen.[92]

---

[87] Zantow, Roger: Finanzierung: Die Grundlagen modernen Finanzmanagements; Pearson Studium, München, 2004; S. 219
[88] Vgl. Drukarczyk, Jochen: Finanzierung – Eine Einführung; Lucius & Lucius Verlag, Stuttgart, 9. neu bearbeitete Auflage, 2003; S. 483
[89] Vgl. Zantow, Roger: Finanzierung: Die Grundlagen modernen Finanzmanagements; Pearson Studium, München, 2004; S. 219
[90] Vgl. Zantow, Roger: Finanzierung: Die Grundlagen modernen Finanzmanagements; Pearson Studium, München, 2004; S. 219 f.
[91] Vgl. o.V.: Standort Deutschland: Wachstum ist möglich; In: Enterprise Finance Europe – Factoring Talk; Ausgabe März/April 2005; S. 2
[92] Vgl. Deutscher Factoring Verband e.V.: Pressemitteilung vom 10.03.2010

4.4.2 Leasing

Leasing ist eine vertragliche Vereinbarung zwischen Leasinggeber und Leasingnehmer. Hierbei wird dem Leasingnehmer das Recht eingeräumt, den Vermögensgegenstand zu nutzen, wenn er im Gegenzug regelmäßige periodische Zahlungen vornimmt.[93] Leasinggeschäfte werden i.d.R. als Finanzierungsgeschäfte gewertet und dem Finanzierungsbereich zugerechnet.[94] Dabei können die Vertragsbedingungen so frei gewählt werden, dass Leasing auch verdeckte Ratenkäufe und reine Miet- und Pachtverhältnisse abdeckt.[95] Die meisten Anlagegüter können mittlerweile als Alternative zu einer klassischen Finanzierung auch geleast werden.[96]

Bei der Frage nach den konkreten Vorteilen von Leasing lässt sich feststellen, dass bei einem vollkommenen Markt ein Leasinggeber einem Leasingnehmer nichts bieten kann, was nicht auch mit alternativen Finanzierungsmöglichkeiten abgebildet werden kann. Nur unter Berücksichtigung Leasinggeber-spezifischer Vorteile wie z.B. begünstigte Abschreibungsregeln entsteht ein aufteilbarerer Vorteilsbereich.[97]

Auf die verschiedenen Arten und Ausprägungen von Leasing soll hier nicht eingegangen werden, da diese keinen Beitrag zur Fragestellung der Arbeit liefern.

4.4.3 Forfaitierung

Unter Forfaitierung versteht man den einzelnen Verkauf von Forderungen, die meist sehr hoch und mittel- bis langfristig angelegt sind.[98] Hierbei kauft der Forderungskäufer (Forfaiteur) die Forderung(en) vom Forderungsverkäufer (Forfaitisten) meist ungekürzt und ohne Selbstbehalt. Der Forderungsverkäufer haftet wie beim Factoring dafür, dass die

---

[93] Vgl. Buckley, Adrian; Ross, Stephan, A.; Westerfield, Rudolph, W.; Jaffe, Jeffrey F.: Corporate Finance Europe; McGraw Hill Publishing Company, Berkshire, England, 1998; S. 542 ff.
[94] Vgl. Hachmeister, Dirk: Der Discounted Cash Flow als Maß der Unternehmenswertsteigerung; Peter Lang Verlag, Frankfurt, 2. durchgesehene Auflage, 1998; S. 244
[95] Vgl. Rehkugler, Heinz: Finanzierung; Verlag V. Florentz GmbH, München, 3. Auflage, 1986; S. 113
[96] Vgl. Egger, Uwe-Peter: Optimale Finanzierung für Existenzgründer und Kleinunternehmer; Max Schimmel Verlag, Würzburg, 1999; S. 87
[97] Vgl. Drukarczyk, Jochen: Theorie und Politik der Finanzierung; 2. völlig überarbeitete Auflage, Vahlen Verlag, München, 1993; S. 501
[98] Vgl. Zantow, Roger: Finanzierung: Die Grundlagen modernen Finanzmanagements; Pearson Studium, München, 2004; S. 224

verkaufte Forderung zustande gekommen ist. Als Forfaiteure treten meist spezialisierte Institute auf.[99] Auf die Details soll hier ebenfalls nicht eingegangen werden.

4.4.4 Asset Backed Securities (ABS)

Unter Asset Backed Securities (ABS) versteht man die wertpapiermäßige Verbriefung von Forderungsverkäufen. Diese sind in einem Pool zusammengefasst und entsprechend geratet, so dass die Ausfallwahrscheinlichkeit eingeschätzt werden kann. Schuldner sind hauptsächlich Darlehensnehmer von Real- und Ratenkrediten, Leasing-Nehmer und Kreditnehmer von Kreditorganisationen. Die Bedienung erfolgt aus den zukünftigen Zahlungsströmen, die i.d.R. ziemlich gleich bleibend und gut voraussehbar sind. Der Originator (normalerweise der Initiator des ABS-Systems) verfolgt das Ziel, die Forderungen möglichst bilanzentlastend, endgültig und regreslos an eine Zweckgesellschaft zu verkaufen. Die Zweckgesellschaft, die als selbständiges Unternehmen meist den Unternehmenssitz dort hat, wo die steuerlichen Rahmenbedingungen günstig scheinen, kauft den Forderungspool und refinanziert sich über die Emission von entsprechenden Wertpapieren. Eine spezielle Form stellen hier die Mortgage Backed Securities dar, die auf einer Deckung von Hypothekarkrediten beruhen.[100]

---

[99] Vgl. Zantow, Roger: Finanzierung: Die Grundlagen modernen Finanzmanagements; Pearson Studium, München, 2004; S. 224
[100] Vgl. Jahrmann, Fritz-Ulrich: Finanzierung; Verlag Neue Wirtschaftsbriefe, Herne/Berlin, 5.Auflage, 2003; S. 202

Zur Veranschaulichung der Zusammenhänge soll die folgende Grafik dienen:

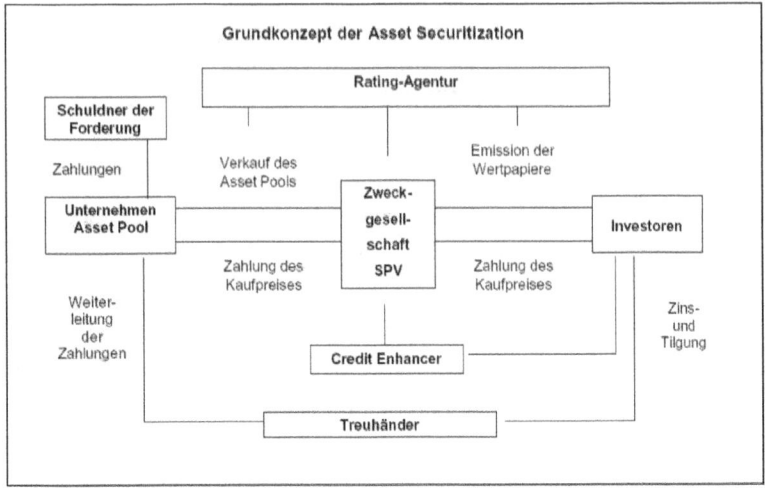

Abbildung 2: Struktur einer ABS-Transaktion [101]

Zusammenfassend haben Asset Backed Securities haben folgende Vorteile:[102]

➤ Verbesserung der Kapital- und Vermögensstruktur

➤ Verbesserung der Liquidität durch Freisetzung von Kapital

➤ Oft günstigere Finanzierungskosten aufgrund der separaten Bonitätseinschätzung für den verbrieften Forderungspool

➤ Keinerlei Ausfallrisiko aufgrund abgeschlossenem und regresslosem Forderungsverkauf

➤ Keinerlei Zinsänderungsrisiko aufgrund der barwertigen Abrechnung

Aufgrund einer Größenordung der Kapitalforderungen von etwa 30 Mio. EUR bzw. mind. 5 Mio. EUR bei geeignetem Pooling von Forderungen eignet sich dieses Instrument allerdings nicht für den kleineren Mittelstand.[103]

---

[101] in Anlehnung an www.sprengnetter-online.de/docpdf/Publikationen/abs.pdf, S.3 und http://www.isb.unizh.ch/studium/courses03-04/pdf/0357_09.pdf, Folie 9
[102] Vgl. Jahrmann, Fritz-Ulrich: Finanzierung; Verlag Neue Wirtschaftsbriefe, Herne/Berlin, 5.Auflage, 2003; S. 204
[103] Vgl. o.V.: Verbriefung für den Mittelstand; In: Wirtschaftswoche; Ausgabe 28/2003; S. 16

5 Eignung der alternativen Finanzierungsformen für KMUs

Es existieren riesige Mengen an Finanzierungsformen unterschiedlicher Ausprägungen allein bei den erwähnten Instrumenten. Da die vorgestellten Finanzierungshilfen Factoring, Leasing und Forfaitierung in Deutschland bereits seit Jahren etabliert haben und Asset Backed Securities (ABS) nicht für alle KMUs geeignet sind, soll sich die aktuelle Betrachtung der Eignung rein auf die mezzaninen Finanzierungsformen beziehen. Dies soll einem Hauptziel der vorliegenden Darstellung dienen: Informieren, sensibilisieren und motivieren zum Thema der alternativen Finanzierungsformen.

Allgemein lässt sich vorab sagen, dass mezzanines Kapital eine vorhandene Lücke zwischen Eigenkapital und Fremdkapital schließt. Vorteilhaft gegenüber einer Eigenkapitalaufnahme ist v.a. die erhaltene Unabhängigkeit und die gleich bleibende Anteilsstruktur. Gleichzeitig können die Zinszahlungen steuerlich abgesetzt werden und mindern damit den zu versteuernden Gewinn. Vorteilhaft gegenüber einer Fremdkapitalaufnahme ist die Stärkung der Kapitalstruktur, was gerade unter Berücksichtigung von Basel II eine zunehmend wichtigere Rolle spielt. Sicherheiten müssen für mezzanines Kapital meist nicht gestellt werden. Die extrem flexible Möglichkeit der Gestaltung der Finanzierungsverträge macht diese Kapitalart für die meisten Unternehmen interessant. Dies mag auch die zunehmende Bedeutung von innovativen Finanzierungsformen erklären.[104]

Für Kapitalgeber sind meist einige Mindestanforderungen von potenziellen Kapitalnehmern zu erfüllen, um für eine derartige Finanzierungsform in Frage zu kommen. Vorausgesetzt wird hier meist, dass es sich nicht um ein neu gegründetes Unternehmen handelt und dass das Unternehmen relativ stabil bzgl. Management, Geschäftsmodell, Kundenstamm und Cashflows erscheint. Eine weitere Ausweitung bzw. Expansion könnte dann über mezzanines Kapital finanziert werden. Den Kern der Betrachtung bildet in diesem Falle die Finanzplanung für die nächsten Jahre, die eine Abdeckung der Zinszahlungen veranschaulichen muss. Für den Einsatz von Mezzanine-Kapital werden als Umsatzuntergrenze ca. 5 Mio. EUR, als minimale Finanzierungssumme etwa 0,5 – 2 Mio. EUR ange-

---

[104] Vgl. Drukarczyk, Jochen: Finanzierung – Eine Einführung; Lucius & Lucius Verlag, Stuttgart, 9. neu bearbeitete Auflage, 2003; S. 433

sehen.[105] Nur so kann eine effiziente Abwicklung der Unternehmensfinanzierung stattfinden.

Um den Einstieg auch für kleinere Unternehmen möglich zu machen bietet sich aktuell noch eine Möglichkeit der Unternehmensfinanzierung über Mezzanine - Förderdarlehen von Bund und Land, welche an bestimmte Bedingungen und Auflagen geknüpft sind. Die angeführten Gründerdarlehen sind günstiger als am freien Markt und stellen damit eine gute Möglichkeit der Erstfinanzierung dar. Viele dieser öffentlichen Finanzierungshilfen werden nur sogenannten KMUs (=kleine und mittlere Unternehmen) gewährt. Die Definition für KMUs finden Sie bereits in einem anderen Teil der Arbeit und kann dort genauer nachgelesen werden. Die lukrativen Einstiegsbedingungen sollten vom überwiegenden Teil der Unternehmen als eine Aufforderung zur entsprechenden Umgestaltung der Finanzierung betrachtet werden.

Aufgrund weitreichender Änderungen in der Unternehmensfinanzierung könnte Mezzanine-Kapital einen Beitrag zu einer stärkeren Kapitalmarktorientierung von Anlegern leisten. Trotz der erwähnten Vorteile bleiben einige Fragen, die v.a. Klein- und Kleinstunternehmen vor Probleme stellen könnten. Nach Überwinden dieser Probleme sollte einer positiven Entwicklung der vorgestellten Finanzierungsformen nichts mehr im Wege stehen.

---

[105] Vgl. Guserl, Richard; Pernsteiner, Helmut: Handbuch Finanzmanagement in der Praxis; Gabler Verlag, Wiesbaden, 1. Auflage 2004; S. 833

6 Empirische Erhebung bei KMUs

Um die theoretisch angedachten Veränderungen empirisch zu belegen, wurde eine Erhebung in Form von zwei Befragungen durchgeführt. Diese betrachten sowohl die Angebotsseite als auch die Nachfrageseite für Finanzierungen. Für die Angebotsseite wurden Banken zu deren (geplanten oder schon vorhandenen) alternativen Formen der Unternehmensfinanzierung befragt. Auf der Nachfrageseite richtete sich die Befragung an Unternehmen verschiedener Branchen. Abgefragt wurden deren Wünsche und Bereitschaft zu neuartigen Finanzierungen als Alternative zum konservativen Bankkredit.

6.1 Zielsetzung der Erhebung

Bei der durchgeführten Erhebung sollen die im theoretischen Teil dargestellten Prognosen aus der Praxis betrachtet werden. Hierbei wird in keinem Bereich oder keiner Branche eine Repräsentativität beansprucht. Auffällige Trends und/oder Entwicklung in Relation zu früheren Studien und Erhebungen sollen betrachtet und kommentiert werden. Wichtig ist hierbei die Feststellung eines Status Quo und das Aufzeigen möglicher Probleme und eventueller Lösungsansätze.

6.1.1 Zielsetzung bei Bankenumfrage (Angebotsseite)

Bei der Bankenbefragung sollen die gegenwärtigen und zukünftigen Angebote der Banken und Finanzdienstleistungsinstitute erhoben werden und gleichzeitig überprüft werden, inwieweit sich die (unterschiedlichen) Banken in den neuen Finanzierungsformen engagieren. Es sollen mögliche neue alternative Finanzierungshilfen und –formen erfragt werden und damit ein Fortschreiten der Banken in der Vorbereitung des Finanzierungsgeschehens mit Basel II abschätzbar werden. Gleichzeitig wird hierbei ein Kompetenzprofil der Banken zu erkennen sein, das eine gewisse (zukünftige) Positionierung der einzelnen Banken bzgl. der Ausrichtung der geplanten Geschäftsmodelle für die kommenden Jahre zeigen kann. Banken, denen das Thema Basel II und die daraus resultierenden Folgen für die zukünftige Kreditwirtschaft wichtig sind, werden den Fragebogen von einer kompetenten Person beantworten lassen. Unwissenheit oder Widersprüche in den einzelnen Fragen sowie Plausibilitätsunstimmigkeiten zeigen in diesem Falle auf, dass dieses Thema nicht höchste Priorität genießt. Die Bildung eines allgemeinen Eindrucks soll durch den Abgleich der offenen mit den geschlossenen Fragen und entsprechender Plausibilitätsprüfung möglich werden.

Der Fragebogen, den die Kreditinstitute erhalten haben, ist im Anhang zu finden.

6.1.2 Zielsetzung bei Mittelstandsumfrage (Nachfrageseite)

Nach stattgefundener theoretischer Betrachtung soll eine empirische Erhebung auch einen Eindruck vom aktuellen Status deutscher mittelständischer Unternehmen vermitteln. Anhand der folgenden analytischen Betrachtung sollte der Wissensstand von mittelständischen Unternehmen festgestellt werden. Gleichzeitig sollte analysiert werden, wie Unternehmer ihr Unternehmen auf die neuen Anforderungen bei der Finanzierung eingestellt haben, und ob die Unternehmen das Interesse, die Bereitschaft und das Wissen mitbringen, neue Wege der Finanzierung zu gehen. Ebenso ist hierbei ein Kompetenzprofil eines Unternehmens v.a. aus der Beantwortung der offenen Fragen zu erkennen, da hier durch Widersprüche und Unstimmigkeiten Unwissenheit schneller zu erkennen ist. Nur so kann ein Abgleich von Selbstbild und Fremdbild der Unternehmer erfolgen.

Der Fragebogen, den die KMUs erhalten haben, ist ebenfalls im Anhang zu finden.

6.2 Methodisches Vorgehen

Zur Methode der Erhebung und Auswertung lässt sich konkret folgendes sagen:

Nach Erstellung eines Fragebogens wurden aus einer Datenbank mit kleinen und mittleren Unternehmen (KMUs) der Industrie- und Handelskammer (IHK) Passau im Rahmen der durchgeführten Fragebogenaktion am 06. Mai 2005 insgesamt 212 kleine und mittlere Unternehmen (KMUs) aus verschiedenen Branchen und verschiedener Größe angeschrieben. Der Fokus wurde hierbei auf die Branchen Hoch- und Tiefbau, Bauträger, Projektgesellschaft sowie Unternehmensberatung gelegt. Gerade diese Branchen haben meist Probleme beim Zugang zu Krediten.[106] Hintergrund dieser Auswahl war, einen deutlicheren Trend bei größeren Investitions- und Finanzierungstätigkeiten durch Basel II beobachten zu können. Es erfolgte ein zufällige Auswahl aus dem kompletten deutschlandweiten Branchenbestand. Hierbei konnte ein Rücklauf von 19 Fragebögen erreicht werden, was

---

[106] Vgl. o.V.: „Zu wenig Kredite"; In: Süddeutsche Zeitung; Ausgabe Nr. 106, 10.05.05; S. 22

ca. 9% entspricht. Im Folgenden werden diese 19 Fragebögen als Basis (= 100%) betrachtet und ausgewertet, da von einer Unabhängigkeit der Antworten zu den rückgesendeten Fragebögen ausgegangen werden darf.

Parallel dazu wurden auch Banken, Kreditinstitute und andere Finanzierungsgesellschaften angeschrieben, um auch die Angebotsseite für Kapital in die Studie miteinzubinden. Hierzu wurden wieder aus einem deutschlandweiten Adressenbestand der Industrie- und Handelskammer (IHK) 111 Institute zufällig ausgewählt und angeschrieben. Der Response auf der Angebotsseite lag bei 20 beantworteten Fragebögen was einer Quote von 18% entspricht. Auch diese 20 Fragebögen sollen bei der folgenden Analyse und Bewertung als Basis (= 100%) dienen.

Der Rücklauf der Antworten wurde in beiden Befragungen 4 Wochen abgewartet und dann erst ausgewertet. Evtl. später eintreffende Fragebögen konnten damit nicht berücksichtigt werden.

6.3 Ergebnisse der Evaluierung

Bei der Auswertung werden im Folgenden die beiden befragten Seiten erst getrennt und unabhängig voneinander analysiert und ausgewertet. Dies gewährt eine gewisse Unvoreingenommenheit bzgl. der spiegelbildlich erhaltenen Antworten.

Im darauf folgenden Gliederungspunkt sollen dann mögliche Überschneidungen und/oder Differenzen aufgezeigt und kommentiert werden.

6.3.1 Ergebnisse der Banken-Befragung

Vorab sollten im Rahmen der Banken-Befragung Basisdaten, wie die Rechtsform, die Bilanzsumme und die Mitarbeiterzahl sowie die Leistungen des Instituts erfragt werden. Eine strategische Neuausrichtung des zukünftigen Geschäftsmodells bei Banken wäre hier beispielsweise tendenziell erkennbar.

Bei der Frage nach den angebotenen Leistungen führte der Bereich Kreditversicherung vor Versicherungen und Vermögensverwaltung. Zusätzlich wurden die Leistungsbereiche Leasing, Akquisition und Verwaltung von Forderungsportfolien, Private Equity, Mezzanine-Kapital, Kapitalmarktgeschäfte, Immobilien und Bank-Reisen genannt. Die Verbreitung der angebotenen Dienstleistungen gaben die Institute überwiegend (12 von 20 Banken) im regionalen Bereich an, jeweils 4 von 20 bundesweit und international. Bei 60% der Institute handelte es sich hierbei um eingetragene Genossenschaften (eG). Die angegebenen Bilanzsummen reichten von unter 10 Mio. EUR (1 Bank) bis zu mehr als 5 Mrd. EUR (2 Banken). 35% der Banken gaben eine Mitarbeiterzahl von weniger als 50 an, eine Bank mehr als 5.000.

Im offenen Frageteil der Bankenbefragung wurden folgende Fragen gestellt und beantwortet:

> Welche Änderungen setzen Sie bei der Unternehmensfinanzierung zum aktuellen Zeitpunkt bereits um?

Auf diese Frage antworteten die meisten Bankenvertreter, dass bereits Scoring- und Ratingtools in Einsatz wären und eine interne Umsetzung von Basel II stattfindet. (Scoring-Modelle werden z.T. auch von externen Beratungsunternehmen bei der Beurteilung von Unternehmen eingesetzt. Hierbei werden zeitnah durch die Analyse von externen und internen Faktoren die Qualität des Managements, Konsistenz von Strategie und Finanzierung als auch der Wert des Unternehmens ermittelt.[107])Eine risikoadjustierte Kreditvergabe und -bepreisung findet bereits mit entsprechenden Checklisten-Fragenkatalogen statt. Eine Ermittlung des Ausfallrisikos ist bereits jetzt nach dem Advanced Approach möglich. Einzelne wiesen auch darauf hin, dass verstärkt auf umfangreichere, detailliertere und zeitliche aktuellere Unterlagen geachtet wird und auch zusätzliche Finanzierungsangebote (Factoring, Beteiligungsfinanzierung u.ä.) über Verbundpartner mit ins Angebot aufgenommen werden bzw. wurden. Es wird außerdem auf standardisierte Finanzierungsangebote und verschiedene öffentlicher Förderdarlehen hingewiesen. Gleichzeitig wurde nach Angaben der Banken bei Unternehmen, die sich in einer schwierigen wirtschaftlichen oder sogar existenziell gefährlichen Situation befinden, die Betreuung verbessert und intensiviert. Wenige gaben an, dass keine Veränderungen stattgefunden hätten oder äußerten sich nur dahingehend, dass „sämtlichen Anforderungen […] entsprochen" wird.

---

[107] Vgl. o.V.: Neues Scoring-Modell zur Unternehmensbewertung und zukunftsorientierten Rating-Einschätzung; In: RATING aktuell – Information für Unternehmen und Finandienstleister, Ausgabe April/Mai, 02/2005; S. 7

> Wie informieren Sie Ihre Kunden bzgl. der aktuellen und zukünftigen Änderungen?

Die meisten Kreditinstitute informieren Ihre Kunden über Newsletter, Mailings, eigene Zeitungen, Broschüren, die eigene Website, verschiedene (Seminar-) Veranstaltungen und persönliche Gespräche. In Einzelfällen erfolgte auch eine schriftliche Ratingauswertung, die dem Kunden ein Feedback über mögliche Problembereiche liefert. Des Weiteren wird der aktuelle Stand meist in den jeweiligen Quartals- oder Jahresabschlussbesprechungen erläutert und diskutiert. Gleichzeitig wurden die Kunden für eine „ordentliche Kontoführung" sensibilisiert und ermutigt, Kontoüberziehungen vorab mit der Bank abzusprechen.

Allgemein ist die Kommunikation über persönliche Gespräche bei dieser Frage am häufigsten genannt worden. Inwieweit diese Art der Kommunikation auch von der Unternehmerseite richtig verstanden und umgesetzt werden kann, wird an anderer Stelle dieser Arbeit diskutiert.

> Welche Angebote zur Unternehmensfinanzierung haben Sie in den letzten 5 Jahren aus Ihrem Programm entfernt?

Hier wurden in den letzten Jahren nur wenige Angebote entfernt. Genannt wurden (gewerbliche) Bauträgerfinanzierungen und Wechseldiskont. Ansonsten wurden keine Instrumente zur Unternehmensfinanzierung aus dem aktuellen Programm der Banken entfernt und es erfolgte eine stetige Ansammlung der unterschiedlichen Finanzierungsprogramme und -instrumente. Ein Kreditinstitut verwies bei den aktuellen Programmen außerdem auf die Verbundpartner und das damit sehr flexible und umfangreiche Angebot.

> Welche zusätzlichen Angebote zur Finanzierung haben Sie in den letzten 5 Jahren neu aufgenommen (z.B. alternative Finanzierungsformen)?

Unter diesem Punkt findet man nahezu eine komplette Ansammlung denkbarer Finanzierungsinstrumente. Explizit genannt wurden Factoring, Leasing, Forwards, ABS, Mezzanine, Stille Beteiligungen, Genussscheine, Finetrading, Beteiligungskapital, Flexlease-Verträge, Euribor-Darlehen und Darlehenssicherungsinstrumente (Derivate). Auffällig war, dass bei Nennung von Mezzanine-Kapital zusätzlich Genussscheine und/oder Stille Beteiligung genannt wurden. Offenbar sind hier noch Missverständnisse bzgl. des Begriffes „Mezzanine" und den darin enthaltenen Instrumenten vorhanden. Allgemein wurden zunehmend Instrumente zur „Bilanzstrukturverbesserung" verstärkt angeboten. Gleichzeitig wurde hier versucht, durch Metakredite eine bewusste Kreditportfoliosteuerung möglich zu machen. Interne Beratung wurde angeboten für die Unterstützung bei der Eigenkapital- bzw. Beteiligungskapitalsuche. Externe Beratung wurde von den Banken im Bereich der Zuschüsse in Anspruch genommen. Ein Großteil der Befragten gab auch an, dass es keine oder keine wesentlichen Änderungen in den letzten 5 Jahren gab.

> Wie schätzen Sie Ihre Entwicklung bei der zukünftigen Kreditvergabe ein?

In diesem Punkt gingen die Meinungen und Einschätzungen extrem auseinander. Die Einschätzungen reichten von „sehr positiv" über „verhalten, vorsichtig" bis hin zu „negativ, restriktive Kreditpolitik". Dies kann entweder an unterschiedlichen persönlichen Einschätzungen oder aber auch an einer stark unterschiedlichen Kundenstruktur liegen, was die Bonität der eigenen Firmenkunden angeht. Z.T. wurde hier richtigerweise auf die steigenden Anforderungen an die Firmenkunden hingewiesen und dass es zu einer stärkeren Spreizung der Kreditkonditionen kommen wird. Ein Kreditinstitut versucht weiterhin, ihren Kunden die alten Standards zu bieten. Dies kann allerdings nur dann erfolgreich sein, wenn die erforderliche Risikobepreisung auch schon vorab umgesetzt und angewendet wurde. Ansonsten erhalten entweder die (bonitätsmäßig guten) Firmenkunden anderweitig günstigere Konditionen oder die Ausfallwahrscheinlichkeiten des Instituts steigen über den Branchendurchschnitt an und vermindern damit den Jahresüberschuss bzw. die EK-Rendite des Instituts. Ein Institut gab an, dass sich die Konditionen für die eigenen Kunden aufgrund der bereits seit längerem durchgeführten risikoorientierten Kreditvergabe und -bepreisung nicht ändern werden. Eine Bank meint, dass alternative Finanzierungsformen die traditionelle Fremd-/Bankfinanzierung nicht ersetzen werden.

> Was erwarten Sie zukünftig von Unternehmen bei einer Finanzierungsanfrage?

Die Erwartungen der Institute waren teilweise sehr allgemein beschrieben (gutes Controlling, bessere Kenntnisse im kaufmännischen Bereich, Offenheit, vollständige Unterlagen etc.), teilweise aber auch sehr konkreter Natur (mind. 1 Folgejahr in der Planung, rückwirkende Zahlen und Planung für 1-3 Jahre im Voraus, Liquiditätsplanung für das laufende rsp. kommende Jahr etc.). Schwerpunktmäßig fanden sich hier (fast) alle qualitativen und quantitativen Erfordernisse für die Durchführung eines Ratingprozesses. Die Banken zeigen sich somit in diesem Bereich bereits erheblich sensibilisiert und verabschieden sich sukzessive von der bisherigen Vergangenheitsorientierung zur Einschätzung von Unternehmen. Auffällig war, dass sich die meisten Banken von den Unternehmen mehr Offenheit und eine bessere Vorbereitung auf das Bankgespräch wünschen. Zwei Faktoren, die von einem mittelständischen Unternehmen, das nicht in einem hochdiskreten und wissensintensiven Segment arbeitet, machbar sein sollten.

Aufgrund der Begrenzung des Umfangs und der folgenden nicht kompletten Analyse und Kommentierung ist im Folgenden eine zusammenfassende Darstellung der Antworten dargestellt.

Die Beantwortung der offenen Fragen kann nun mit den geschlossenen Fragen verglichen werden:

	Ja		Nein		Enthaltung	
2. Abschnitt (Multiple-Choice)	Anz.	%	Anz.	%	Anz.	%
Zu Abschnitt 1 Frage 1						
1. Ist Ihren Kunden bekannt, dass Banken Kredite mit Eigenkapital unterlegen müssen?	17	85%	3	15%	0	0%
2. Wissen Ihre Kunden, inwieweit sich dies in der Konditionsgestaltung niederschlägt?	14	70%	5	25%	1	5%
3. Ist Ihren Kunden bekannt, dass Basel II Neuregelungen zur Eigenkapitalunterlegung durch Banken enthält?	14	70%	4	20%	2	10%
4. Wissen Ihre Kunden, dass diese Regelungen Veränderungen bei der Eigenkapitalunterlegung von Unternehmensfinanzierungen durch Banken enthalten?	7	35%	11	55%	2	10%
Zu Abschnitt 1 Frage 2						
5. Wissen Ihre Kunden, welche Neuregelungen Basel II zur Eigenkapitalunterlegung von Unternehmensfinanzierungen durch Banken enthält?	7	35%	11	55%	2	10%
6. Sind Ihre Kunden mit der aktuellen Diskussion der sich daraus ergebenden Probleme vertraut?	12	60%	6	30%	2	10%
7. Haben sich Ihre Kunden schon konkret mit den Auswirkungen auf deren Geschäftsbetrieb auseinandergesetzt?	9	45%	9	45%	2	10%
Zu Abschnitt 1 Frage 3						
8. Sind Ihre Kunden in hohem Maße von einer Fremdkapitalfinanzierung durch Ihre oder andere Banken abhängig?	18	90%	2	10%	0	0%
9. Haben sich Ihre Kunden mit dem Thema Unternehmensrating auseinandergesetzt?	18	90%	1	5%	1	5%
10. Bereiten sich Ihre Kunden umfassender auf Finanzierungsanfragen und -gespräche vor?	15	75%	4	20%	1	5%

	Ja		Nein		Enthaltung	
	Anz.	%	Anz.	%	Anz.	%
Zu Abschnitt 1 Frage 4						
11. Haben Sie Ihre Kreditvergabekriterien gegenüber dem Unternehmen transparent gemacht?	16	80%	4	20%	0	0%
12. Haben Sie Ihre Gewerbekunden über die Neuerungen von Basel II informiert?	18	90%	2	10%	0	0%
13. Haben Sie Ihren Kunden bei der Bewältigung der entstehenden Herausforderungen aus Basel II bei der Fremdkapitalbeschaffung Hilfe angeboten bzw. Sie bereits unterstützt?	17	85%	2	10%	1	5%
Zu Abschnitt 1 Frage 4						
14. Haben Sie alternative Finanzierungsformen in den letzten 5 Jahren in Ihr Angebot aufgenommen?	11	55%	7	35%	2	10%
15. Bieten Sie Ihren Gewerbekunden folgende Instrumente zur alternativen Unternehmensfinanzierung an?						
Leasing	17	85%	2	10%	1	5%
Factoring	14	70%	4	20%	2	10%
Forfaitierung	5	25%	10	50%	5	25%
Mezzanine-Kapital	11	55%	5	25%	4	20%
Stille Beteiligung	8	40%	8	40%	4	20%
Nachrangdarlehen	11	55%	5	25%	4	20%
Wandel-/Optionsanleihen	0	0%	15	75%	5	25%

	Ja		Nein		Enthaltung	
	Anz.	%	Anz.	%	Anz.	%
Genussscheine/-rechte	3	15%	13	65%	4	20%
Asset Backed Securities (ABS)	3	15%	12	60%	5	25%

16. Welche dieser Instrumente planen Sie in Zukunft zusätzlich anzubieten?

Leasing	8	40%	3	15%	9	45%
Factoring	7	35%	4	20%	9	45%
Forfaitierung	3	15%	9	45%	8	40%
Mezzanine-Kapital	5	25%	7	35%	8	40%
Stille Beteiligung	3	15%	9	45%	8	40%
Nachrangdarlehen	4	20%	7	35%	9	45%
Wandel-/Optionsanleihen	0	0%	11	55%	9	45%
Genussscheine/-rechte	0	0%	11	55%	9	45%
Asset Backed Securities (ABS)	2	10%	9	45%	9	45%

Tabelle 1: Übersicht der Antwortenverteilung bei der Befragung von Banken

6.3.2 Ergebnisse der KMU-Befragung

Auch bei der Befragung der kleinen und mittelständischen Unternehmen (KMUs) sollten im Rahmen der Befragung vorab einige Basisdaten angegeben werden, um eine bessere Einordnung des Unternehmens möglich zu machen. Dies waren hier sowohl die Rechts-form, der Umsatz und die Mitarbeiterzahl als auch die Branchen und der Sektor in dem das Unternehmen aktiv ist. Dies erscheint gerade bei Betrachtung der Vorgaben von Basel II einen erheblichen Einfluss auf die zukünftige Finanzierung und die damit einhergehenden Konditionen zu haben. Demnach beginnt der Umsatz der teilnehmenden Unternehmen ab 500 T EUR und setzt sich bis zu einer Größe von über 10 Mio. EUR fort (Dies erscheint sinnvoll, da Unternehmen unter dieser Größe meist ohnehin in den Retailbereich fallen und damit die konkreten Auswirkungen von Basel II auf Firmen nicht realisieren werden.) Bei der Frage, welche Geschäftsfelder betrieben werden, hatten die KMUs unterschiedliche Geschäftsfelder zur Auswahl. Sie konnten gleichzeitig aber auch Geschäftsfelder hinzufügen, die im Fragebogen nicht explizit erwähnt waren. Die meisten Unternehmen sahen sich hierbei als Dienstleister. Folgende Geschäftsfelder und Tätigkeiten wurden von den befragten Unternehmen zusätzlich angegeben (Mehrfachnennungen waren möglich): Bauunternehmen; Tief- und Straßenbau; Vermietung + Verpachtung; Vermietung von Wohn- und Gewerbeimmobilien; Handwerk; Wohnungsbau; Wohnungswirtschaft.

Neben der Abfrage der Basisdaten zur Einordnung des Unternehmens enthält der Fragebogen zwei weitere Abschnitte. Einen Teil in „Multiple Choice-Format", einen zweiten mit offenen Fragen.

Im offenen Abschnitt sollten folgende sechs Fragen in freien Sätzen bzw. Stichpunkten beantwortet werden:

> Was wissen Sie zum jetzigen Zeitpunkt über die Finanzierung von Unternehmen unter Einfluss von Basel II?

Hier waren neben sachlich richtigen Aussagen bzgl. risikoabhängiger Kreditvergabe und – bepreisung auch viele emotionale Aussagen vorzufinden, die nur schwer nachzuvollziehen sind. So beschwerten sich einige Unternehmen, dass Banken die Situation unter Basel II „schamlos ausnutzen" bzw. Banken aktuell allgemein die Wirtschaft blockieren. Die restlichen Unternehmen gaben an, dass sie sich schon die essentiellen Dingen bzgl. der neuen Kreditvergabepolitik durch verschiedenste Maßnahmen wie Seminare, Gespräche etc. angeeignet hätten. Einzelne wiesen sogar darauf hin, dass sie bereits mit Ratingtools arbeiten. Dem überwiegenden Teil der Antworten kann man entnehmen, dass die Grundlagen und Auswirkungen von Basel II zumindest was die Hauptaussagen anbetrifft verstanden worden sind. Angesprochen wurden hier konkret die erhöhten Anforderungen auf Bankenseite bzgl. Reporting, Rechnungswesen, Controlling etc. sowie die zunehmende Risikoabhängigkeit der Konditionen von Kapital. Erwähnt wurde auch die Neubewertung von Immobilien.

➤ Welche Auswirkungen hat dies nach Ihren Einschätzungen auf ihr Unternehmen bzw. auf ihren Geschäftsbetrieb?

Bei dieser Frage berichten einige Unternehmen von erheblichen Problemen bei „bisher einwandfrei funktionierenden Finanzierungen", welche nun zu höheren Kosten und Risiken für die Fremdkapitalbeschaffung bei den Unternehmen führe. Nachteilig wirke sich Basel II auf den Bereich Immobilienvermittlung aus, äußerte sich eine Bank. Ebenso würden die Kreditlinien, v.a. für Kontokorrent und Betriebsmittel bei den Banken beeinflusst werden. Die Unternehmen vermuten, dass die Banken im Zuge der Umwälzungen in der Unternehmensfinanzierung den Zeitpunkt nutzen, um die Kreditmargen zu erhöhen. Durch den steigenden Kapitaldienst würden anstehende Investitionen in die Zukunft verschoben. Aufgrund der zunehmenden Anforderungen an das Rechnungswesen, sehen Unternehmen auch einen steigenden Kostenblock in den Bereichen Personal und EDV. Wie ein Auftragsrückgang von 80% zu werten ist, wie ihn ein Unternehmen im Fragebogen beklagte, bleibt dem Leser überlassen.

Gleichzeitig haben aber auch viele Unternehmen bisher keine nachteiligen Wirkungen von Basel II zu spüren bekommen. Dies legt allerdings den Schluss nahe, dass die Bonität dieser Unternehmen eine bessere ist als bei der erstgenannten Gruppe.

Viele sagen auch, sie könnten die Auswirkungen noch nicht genau abschätzen. Die höheren Anforderungen für Dokumentation sowie für die Kapitalbeschaffung sind den meisten bewusst.

➤ Fühlen sie sich darauf vorbereitet? (Bitte begründen Sie ihre Antwort kurz.)

Fast alle fühlen sich auf die zukünftigen Änderungen und die resultierenden Folgen für das eigene Unternehmen vorbereitet. Inwieweit die genannten Informationsquellen wie Seminare und persönliche Gespräche in jedem Falle ausreichen bleibt an dieser Stelle offen. Konkrete Vorbereitungen trafen die Unternehmen bisher in den Bereichen Berichtswesen, Gestaltung der Projektstrukturen, Kontrolle der Finanzmittel und in der Gestaltung der Unternehmensstruktur. Einzelne wollen die ausstehenden Änderungen noch bis 2006 umsetzen und sich so für die neuen Anforderungen der Banken fit machen. Ebenso wird v.a. bei den Softfacts mit den Banken übereinzukommen. Dies soll u.a. mit einer entsprechenden Firmenpräsentation veranschaulicht und unterstrichen werden. Ansprechpartner in unterschiedlichen Bereichen sind hier für die Unternehmenslenker neben Bankenvertretern Steuerberater und Rechtsanwälte. Nur einige wenige beantworteten die Frage nach der Vorbereitung mit „Nein". Bleibt nur zu hoffen, dass auch diese Unternehmen im eigenen Interesse schließlich noch eine Vorbereitung auf die neuen Herausforderungen in naher Zukunft angehen.

> Inwieweit werden Sie durch Ihre Hausbank bei der Bewältigung von eventuellen Finanzierungsproblemen unterstützt?

Eine breite Streuung der Antworten lässt auch hier keine eindeutige Tendenz erkennen. Ein Teil äußert sich hier positiv über die ausgegebenen Informationen der Banken andere geben eine eher geringe oder gar keine Unterstützung der Hausbank an. „Nur auf Nachfragen" erhielt ein Unternehmen die notwendigen Informationen und Unterstützung von der Hausbank; allerdings waren diese auf bankeigene Finanzierungen beschränkt. Eine optimale Gestaltung der Finanzierung kann somit nicht immer gesichert sein. Teilweise wurde sogar von einer „destruktiven" Politik zweier Hausbanken gesprochen.

Während einige der Kompetenz der eigenen Hausbank ein gutes Zeugnis ausstellten wies eine Antwort auf die doch begrenzten Kompetenzen der (Haus-) Bank hin. Gleichzeitig wurde auf die allgemeine Überforderung der Bank in der aktuellen Situation im Rahmen der Umstellung auf Basel II hingewiesen.

> Wie wollen Sie den erwarteten Entwicklungen begegnen bzw. welche Maßnahmen für die zukünftige Sicherstellung der Unternehmens-finanzierung wurden bisher ergriffen?

Die Unternehmen streben hier durch unterschiedliche Maßnahmen eine gewisse Unabhängigkeit von Banken an. Während einzelne einen „rigorosen Abbau" der Bankverbindlichkeiten anstreben legen andere verstärkt Wert auf die Steigerung der Eigenkapitalbasis (auch durch Mezzanine). Betont wurden hier u.a. die Wichtigkeit der Kontokorrentlinien, um eine Vorfinanzierung der Ausgaben sicherstellen zu können. Ziel einzelner Unternehmen ist es auch, bilanzpolitische Maßnahmen zur Optimierung der Kennzahlen einzusetzen sowie die Marktstrategie laufend zu überprüfen. Ebenso wurde Personalabbau als Maßnahme von einem Unternehmen genannt. Ein Unternehmen prüft die Aufgabe des Geschäftsbetriebes.

Allgemein allerdings werden Projekte fokussierter ausgewählt und es wird stärker auf Profitabilität und sparsame Haushaltsführung geachtet. An dieser Stelle wurden auch schon konkrete Finanzierungsmaßnahmen genannt, (Eigenkapitalerhöhung, Nachrangdarlehen) die den zukünftigen Kapitalbedarf decken sollen.

> Welche Maßnahmen sind für zukünftige Finanzierungen im Unternehmen geplant?

Die möglicherweise entstehenden Finanzierungslücken wollen die Unternehmer durch Umschuldung in mezzanines Kapital, Förderdarlehen sowie durch den Verkauf der Betriebsimmobilien schließen. Gleichzeitig sollen Leasing und Forfaitierung den Liquiditätsbedarf senken. Einige wollen auch die Projektgrößen an die Kapazitäten des Kapitals anpassen und „keine exotischen Projekte" mehr durchführen. Leider sind sich immer noch Unternehmen über die notwendigen Maßnahmen unklar und sind bisher untätig geblieben, weil sie die politische Entwicklung abwarten wollen. Aufgrund der zügigen Umsetzung von den neuen Eigenkapitalrichtlinien bleibt diesen Unternehmen wohl nicht mehr viel Zeit, wollen sie weiterhin auf Bankfinanzierungen zurückgreifen. Parallel zu den vorbereiteten Maßnahmen versuchen die Unternehmen den Grad der Unabhängigkeit zu erhöhen, indem sie mehrere Angebote einholen und verschiedene Alternativen prüfen.

Nach Auswertung und Kommentierung der offenen Fragen sollen nun die 20 Fragen des zweiten Abschnittes Antworten zu den Fragen des ersten Abschnittes ergänzen und eine gewisse Plausibilitätskontrolle bei evtl. Falschantworten möglich machen. Hierbei handelt es sich um geschlossene Fragen, die entweder mit „Ja" oder „Nein" beantwortet werden konnten. Wurde keine dieser Möglichkeiten gewählt wurde die Antwort als „Enthaltung" gewertet. (Geringfügige Differenzen ergaben sich aus den vorgenommenen Rundungen. Diese können bei einer Verteilung der Antworten auf unterschiedliche Bereiche wie „ja", „nein" oder „k.A."auftreten.)

2. Abschnitt (Multiple-Choice)	Ja		Nein		Enthaltung	
	Anz.	%	Anz.	%	Anz.	%
Zu Abschnitt 1 Frage 1						
1. Ist Ihnen bekannt, dass Banken Kredite mit Eigenkapital unterlegen müssen?	18	95%	1	5%	0	0%
2. Wissen Sie, inwieweit sich dies in der Konditionsgestaltung niederschlägt?	16	84%	3	6%	0	0%
3. Ist Ihnen bekannt, das Basel II Neuregelungen zur Eigenkapitalunterlegung durch Banken enthält?	17	89%	2	11%	0	0%

4. Ist Ihnen bekannt, dass diese Regelungen tief-greifende Veränderungen bei der Eigenkapital-unterlegung von Immobilienfinanzierungen durch Banken enthalten?	17	89%	2	11%	0	0%
Zu Abschnitt 1 Frage 2						
5. Wissen Sie, welche Neuregelungen Basel II zur Eigenkapitalunterlegung von Immobilienfinanzie-rungen durch Banken enthält?	14	74%	5	26%	0	0%
6. Sind Sie mit der aktuellen Diskussion der sich daraus ergebenen Probleme vertraut?	15	79%	4	21%	0	0%
7. Haben Sie sich konkret mit den Auswirkungen auf Ihren Geschäftsbetrieb auseinandergesetzt?	13	68%	5	26%	1	6%
Zu Abschnitt 1 Frage 3						
8. Sind Sie in hohem Maße von einer Fremdfinan-zierung durch Banken abhängig?	13	68%	6	32%	0	0%
9. Haben Sie sich mit dem Thema Unternehmens-rating auseinandergesetzt?	17	89%	2	11%	0	0%

	Ja		Nein		Enthaltung	
	Anz.	%	Anz.	%	Anz.	%
10. Sind Sie in der Lage, die finanzwirtschaftlichen Stärken und Schwächen ihrer Projekte konkret zu formulieren?	16	84%	3	16%	0	0%
11. Bereiten Sie sich umfassend auf Finanzierungsanfragen bei Fremdkapitalgebern vor?	15	79%	3	16%	1	5%
12. Fließen die Anforderungen bei der Fremdkapitalbeschaffung bereits bei der Planung von Projekten mit ein?	12	63%	6	32%	1	5%
Zu Abschnitt 1 Frage 4						
13. Hat die Bank ihre Kreditvergabekriterien Ihnen gegenüber transparent gemacht?	10	53%	8	42%	1	5%
14. Wurden Sie von Ihrer Hausbank über die Neuerungen von Basel II informiert?	12	63%	5	26%	2	11%
15. Wurden Ihnen die sich daraus ergebenden Veränderungen in der Kreditvergabe der Bank bekannt gemacht?	10	53%	5	26%	4	21%
16. Fließen die durch Umsetzung von Basel II absehbaren Veränderungen bereits spürbar in die Argumentation der Bank in Kreditgesprächen mit Ihnen ein?	12	63%	5	26%	2	11%
17. Hat Ihnen die Bank bei der Bewältigung der entstehenden Herausforderungen aus Basel II bei der Fremdkapitalbeschaffung Hilfe angeboten bzw. Sie bereits unterstützt?	4	21%	13	68%	2	11%
Zu Abschnitt 1 Frage 4						
18. Haben Sie alternative Finanzierungsformen zur Sicherstellung ihrer Liquidität von ihrer Bank genannt bekommen?	2	11%	16	84%	1	5%

	Ja		Nein		Enthaltung	
	Anz.	%	Anz.	%	Anz.	%

19. Sind Sie mit folgenden Begriffen bzw. Instrumenten der Unternehmensfinanzierung vertraut?

	Ja		Nein		Enthaltung	
Leasing	18	95%	1	5%	0	0%
Factoring	13	68%	6	32%	0	0%
Forfaitierung	6	32%	12	63%	1	5%
Mezzanine Kapital	9	47%	9	47%	1	6%
Stille Beteiligung	13	68%	5	26%	1	6%
Nachrangdarlehen	14	74%	4	21%	1	5%
Wandel-/Optionsanleihen	7	37%	11	58%	1	5%
Genussscheine/-rechte	6	32%	12	63%	1	5%
Asset Backed Securities (ABS)	4	21%	14	74%	1	5%

20. Welche dieser Finanzierungsinstrumente haben Sie schon genutzt und/oder werden Sie in Zukunft nutzen?

	Ja		Nein		Enthaltung	
Leasing	14	74%	3	16%	2	10%
Factoring	0	0%	18	95%	1	5%
Forfaitierung	1	5%	17	90%	1	5%
Mezzanine Kapital	3	16%	15	79%	1	5%
Stille Beteiligung	3	16%	14	74%	2	10%
Nachrangdarlehen	7	37%	11	58%	1	5%

43

	Ja		Nein		Enthaltung	
	Anz.	%	Anz.	%	Anz.	%
Wandel-/Optionsanleihen	0	0%	18	95%	1	5%
Genussscheine/-rechte	0	0%	18	95%	1	5%
Asset Backed Securities (ABS)	1	5%	17	90%	1	5%

Tabelle 2: Übersicht der Antwortenverteilung bei der Befragung von kleinen und mittleren Unternehmen (KMUs)

6.4 Auswertung und Schlussfolgerung

6.4.1 Auswertung der einzelnen Fragen mit direktem Vergleich

Bei der Auswertung der Fragebögen soll schwerpunktmäßig auf eventuell auffällige Differenzen zwischen der Angebots- und der Nachfrageseite für Kapital bzw. Fremdkapitalfinanzierungen eingegangen werden, da diese als Ausgangs- und Ansatzpunkte für weitere Verbesserungen in der Zusammenarbeit Bank und Unternehmen zu sehen sind. Dabei werden in erster Linie die Fragen des 2. Abschnitts betrachtet (Multiple-Choice) und anschließend durch die Ergänzungen möglicherweise detaillierter verstanden. Eine Plausibilitätskontrolle ist hierbei durch den Vergleich der offenen mit den geschlossenen Fragen innerhalb eines Fragebogens möglich. Des Weiteren ist eine detaillierte Analyse und Auswertung im Rahmen dieses begrenzten Umfanges nicht möglich und auch nicht notwendig. Eine Beschränkung der grafischen Auswertung und Kommentierung beschränkt sich somit im Folgenden auf besonders auffällige und interessante Diskrepanzen bei der Gegenüberstellung der beiden Befragungen. Eine Komplettübersicht ist bereits auf den vorangegangenen Seiten tabellarisch dargestellt worden und kann somit einen tieferen und detaillierteren Einblick ermöglichen.

Die erste auffälligere Abweichung der beiden Seiten findet sich in der ersten Frage, Abschnitt 1, Frage 2. Hierbei gehen 55% der Banken davon aus, dass ihre Kunden nicht wissen, welche Neuregelungen aus Basel II für die Eigenkapitalunterlegung resultieren. Die Mehrheit der Unternehmen (74%) glauben allerdings, dass sie hier sehr gut informiert sind. Offen bleibt, ob hier nur Unterschiede in der Tiefe des Verständnisses zu dieser Diskrepanz geführt haben, oder ob es hier Kommunikationsprobleme zwischen Kunde und Kreditinstitut gibt. Ein Verständnisproblem bzgl. der Tiefe und der Detaillierung der Kenntnisse müsste sich allerdings bei einer ausreichend großen Menge an Befragten auf beiden Seiten wieder ausgleichen, so dass hier ein erstes Kommunikationsproblem vorzuliegen scheint.

Einem Teil der Unternehmen ist (wie man den offenen Fragen entnehmen kann) bekannt, dass die Banken für riskantere Kredite mehr eigenes Kapital hinterlegen müssen als für sicherere Kredite. Viele Firmen wissen auch, dass die Banken das Rating als Basis für die Konditionengestaltung von Krediten zukünftig durchführen müssen. Trotzdem scheinen genauere Informationen über die Kriterien des Ratings den Unternehmen unbekannt zu sein. Außerdem erscheint es auch einem großen Teil der Befragten nicht vollständig transparent, inwieweit sich die Durchführung des Ratings auf die Konditionsgestaltung bzw. Kreditvergabe auswirkt. So wurden 42% der Unternehmen die Kreditvergabekriterien nicht transparent gemacht, d.h. diese Unternehmen können in keiner Weise beurteilen, wie ihre Bank die ausschlaggebenden Kriterien für die Einstufung der Bonität beurteilt. 26% der Unternehmen wurden nach eigenen Angaben nicht einmal über die Neuerungen und Auswirkungen auf die Finanzierung im Rahmen von Basel II informiert.

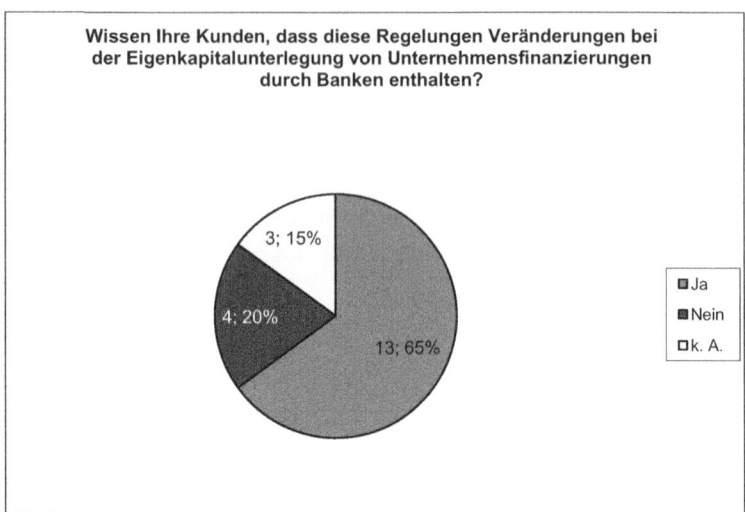

Abbildung 3: Bankenbefragung: Wissen Ihre Kunden, welche Neuregelungen Basel II zur Eigenkapitalunterlegung von Unternehmensfinanzierungen enthält?

Quelle: Eigene Darstellung

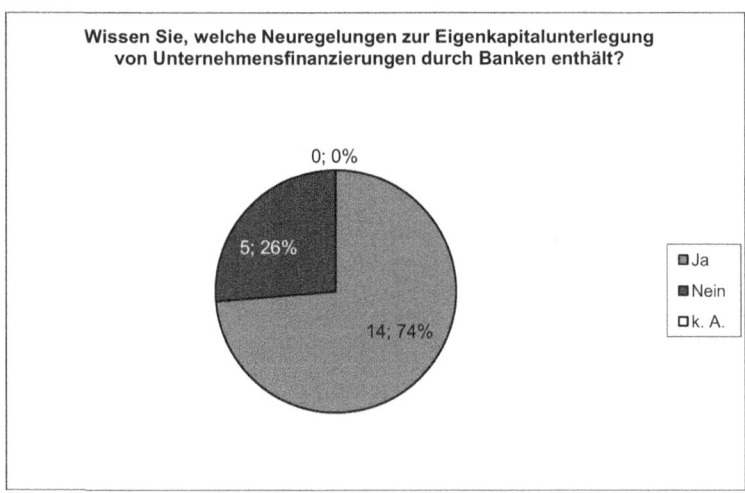

Abbildung 4: KMU-Befragung: Wissen Sie, welche Neuregelungen zur Eigenkapitalunterlegung von Unternehmensfinanzierungen durch Banken enthält?

Quelle: Eigene Darstellung

Die nächste größere Auffälligkeit ist bei der Frage nach dem Stand der Vorbereitungen auf Basel II zu erkennen. Während 13 von 19 Unternehmen (69%) denken, dass Sie über die Änderungen und Folgen entsprechend informiert und präpariert sind, denken das nur 9 von 20 Banken (45%) von ihren Kunden (Siehe auch folgende Abbildungen). Hierbei stellt sich wiederum die Frage, ob nun die Unternehmer wirklich unzureichend vorbereitet sind oder dies nur nicht in ausreichendem Maße an die entsprechenden Banken weitergegeben haben. Kommunikation könnte an dieser Stelle wiederum die Diskrepanz zwischen Ansicht von Bank und Unternehmen reduzieren und sicherstellen, dass die Unternehmen die bereits getroffenen Vorbereitungen nicht überschätzen, weil sie von Banken auf Problembereiche hingewiesen werden oder aber die Banken über die hervorragende Vorbereitung (und damit auch gesteigerte Bonität) informiert werden.

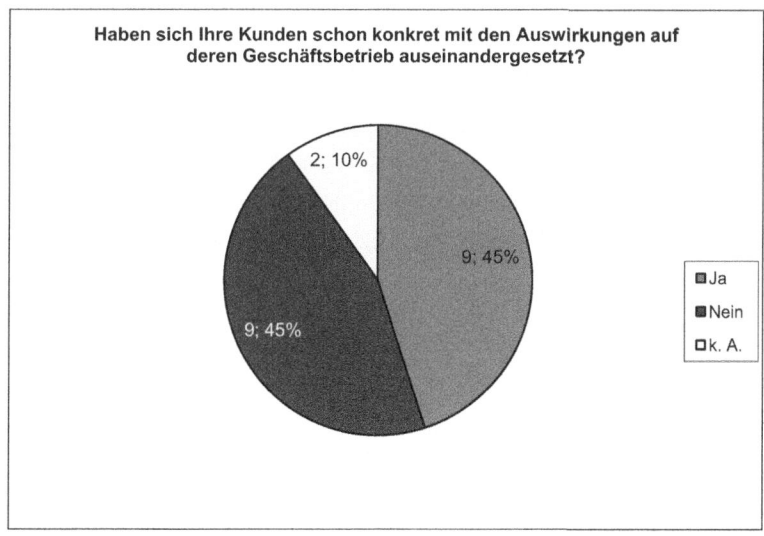

Abbildung 5: Bankenbefragung: Haben sich Ihre Kunden schon konkret mit den Auswirkungen auf deren Geschäftsbetrieb auseinandergesetzt?
Quelle: Eigene Darstellung

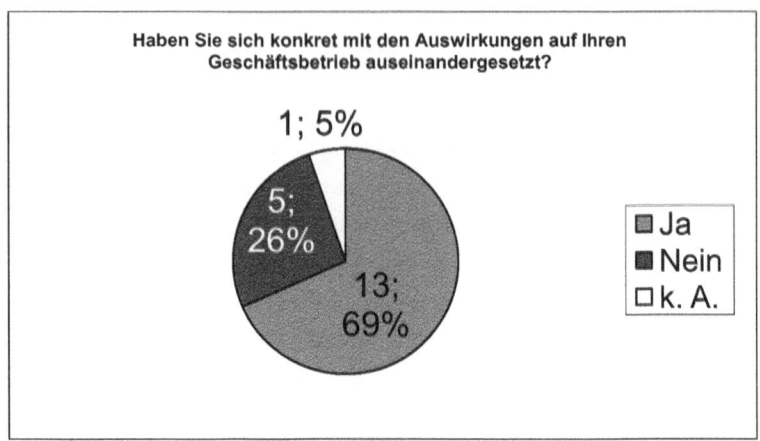

Haben Sie sich konkret mit den Auswirkungen auf Ihren Geschäftsbetrieb auseinandergesetzt?

1; 5%

5; 26%

13; 69%

☒ Ja
☒ Nein
☐ k. A.

Abbildung 6: KMU-Befragung: Haben Sie sich konkret mit den Auswirkungen auf Ihren Geschäftsbetrieb auseinandergesetzt?

Quelle: Eigene Darstellung

Bei der Abhängigkeit der KMUs von der Fremdfinanzierung sind sich die Ansichten ähnlich. Beide Seiten sehen eine erhebliche Abhängigkeit von den Krediten der Bank für die Unternehmensfinanzierung. Die Bank sieht diese Abhängigkeit sogar noch um einiges größer als die Unternehmen selbst (90% im Gegensatz zu 68%). Dies kann einerseits daran liegen, dass fast jedes dritte Unternehmen die vorliegenden Abhängigkeiten von der Bank unterschätzt oder aber, dass die jeweiligen Unternehmenslenker noch Finanzierungsmöglichkeiten im Auge haben, auf die sie im Falle eines Falles zurückgreifen könnten. Fast alle befragten Unternehmen (ca. 90%) gaben an, dass sie sich bereits mit dem Thema Unternehmensrating beschäftigt haben. Dies wurde von den meisten kapitalgebenden Instituten bestätigt. Diese Tendenz wird auch durch die Frage nach den stärkeren Vorbereitungen von Unternehmern auf Finanzierungsgespräche bejaht. Auch bei der Projektplanung berücksichtigen bereits 63% der Unternehmen die zukünftigen Finanzierungsmöglichkeiten bereits um einige Zeit früher in der Projektplanung.

Handlungsbedarf für die Banken könnte in der Art und Intensität der Kommunikation mit Firmenkunden vorliegen. 80% der Banken gaben zwar an, die Kreditvergabekriterien gegenüber den Unternehmen bekannt gegeben zu haben, nur etwa 53% der Unternehmen bestätigen dies in der Befragung. Möglicherweise reichen den Unternehmen einfach die ausgegebene Informationen noch nicht aus oder die Unternehmen fühlen sich durch die zugewiesene Bonität falsch eingeschätzt und gehen dann von einem eigenen Informationsdefizit aus, das diese Einschätzung begründet.

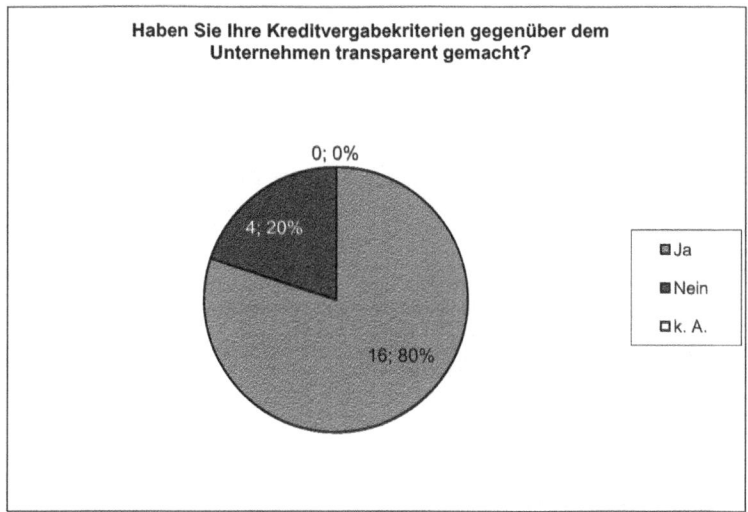

Abbildung 7: Bankenbefragung: Haben Sie Ihre Kreditvergabekriterien gegenüber dem Unternehmen transparent gemacht?

Quelle: Eigene Darstellung

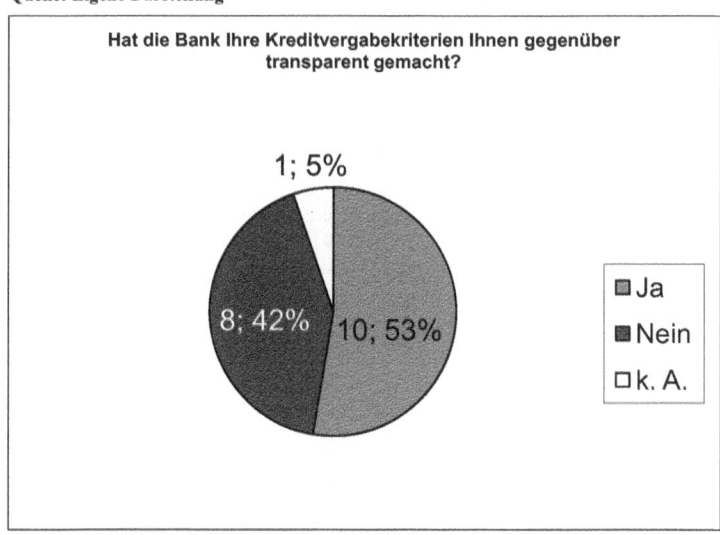

Abbildung 8: KMU-Befragung: Haben Sie Ihre Kreditvergabekriterien gegenüber dem Unternehmen transparent gemacht?

Quelle: Eigene Darstellung

Ein nahezu identisches Bild ergibt sich bei der Frage, inwieweit die Bank ihre Kunden zum Thema Basel II informiert hat. Obwohl 90% der Banken dies behaupten, wird dies nur von 63% der befragten Unternehmen bestätigt (keine Abbildung). Hier scheint sich das bereits mehrfach angesprochene Kommunikationsproblem zu bestätigen. Zum dritten Male geben Banken an, dass sie ihre Kunden bereits bzgl. der vorliegenden Problematik unterstützen oder bereits unterstützt haben. Nur 2 von 3 KMUs können dies in den Argumenten der Banken finden, lediglich 21% bestätigen, bereits Hilfe angeboten oder erfahren zu haben.

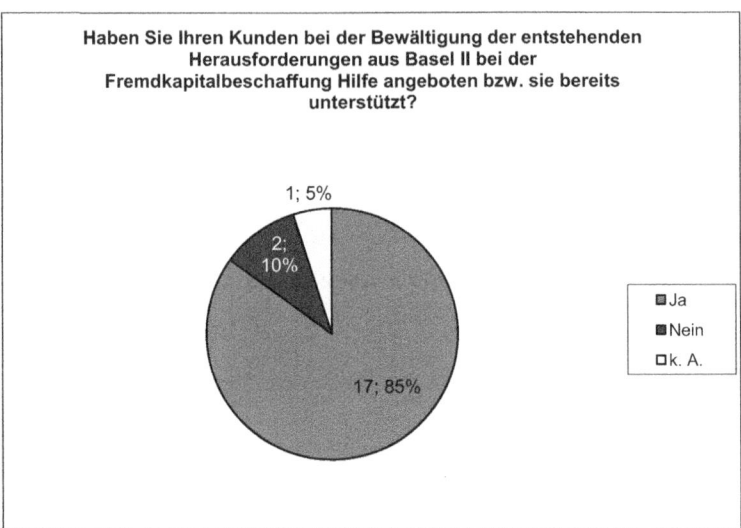

Abbildung 9: Bankenbefragung: Haben Sie Ihre Kunden bei der Bewältigung der entstehenden Herausforderungen aus Basel II bei der Fremdkapitalbeschaffung Hilfe angeboten oder sie bereits unterstützt?

Quelle: Eigene Darstellung

Hat Ihnen die Bank bei der Bewältigung der entstehenden Herausforderungen aus Basel II bei der Fremdkapitalbeschaffung Hilfe angeboten bzw. bereits unterstützt?

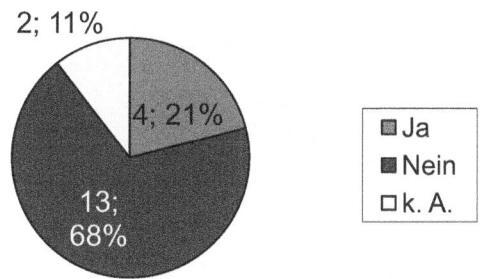

Abbildung 10: KMU-Befragung: Hat Ihnen die Bank bei der Bewältigung der entstehenden Herausforderungen aus Basel II Hilfe angeboten bzw. bereits unterstützt?

Quelle: Eigene Darstellung

Wie aber kann man sich eine solche Unterstützung bei den gegenwärtigen und zukünftigen Herausforderungen in der Praxis vorstellen? Eine Möglichkeit ist hier, den Einsatz von alternativen Finanzierungsformen zu prüfen, bzw. den Firmenkunden diese Arten der Unternehmensfinanzierung anzubieten. Über die Hälfte der Finanzierungsinstitute (55%) hat nach eigener Auffassung diese neuen Arten der Finanzierung ihren Kunden angeboten bzw. diese im Angebotsportfolio enthalten. Leider bestätigen dies nur 11% der kleinen und mittleren Unternehmen. 84% können sich hierbei an keine Angebote erinnern.

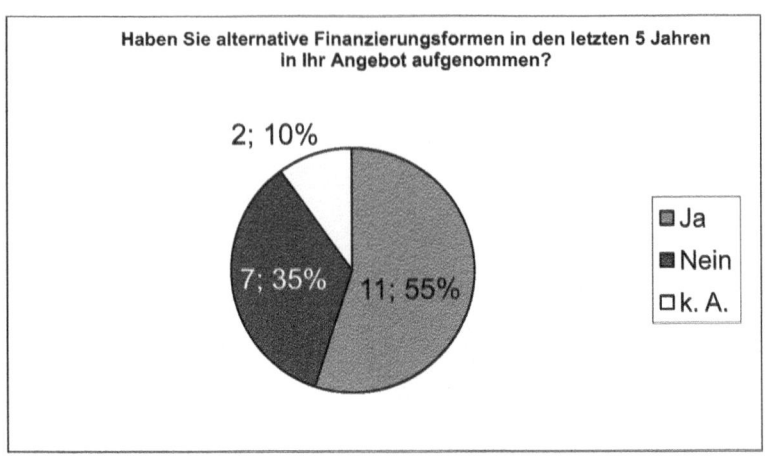

Abbildung 11: Banken-Befragung: Haben Sie alternative Finanzierungsformen in den letzten Jahren in Ihr Angebot aufgenommen?

Quelle: Eigene Darstellung

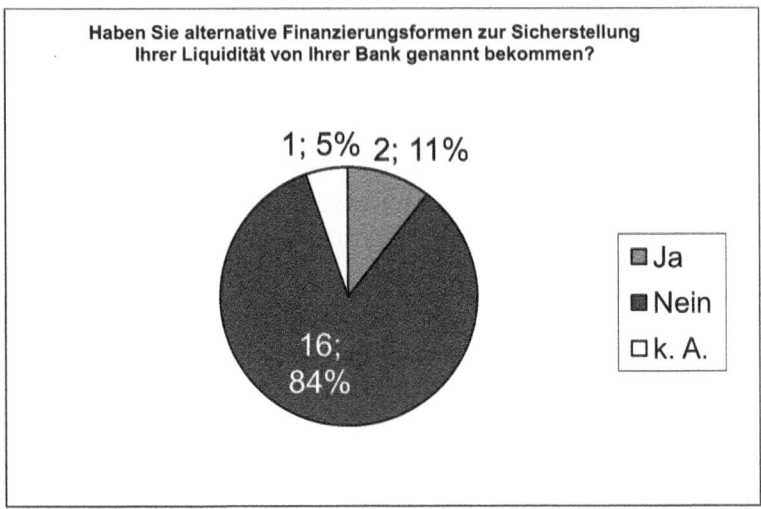

Abbildung 12: KMU-Befragung: Haben Sie alternative Finanzierungsformen zur Sicherstellung Ihrer Liquidität von Ihrer Bank genannt bekommen?

Quelle: Eigene Darstellung

Bei der Betrachtung der einzelnen Finanzierungshilfen ist wohl Leasing das bekannteste und das wohl auch in Zukunft gebräuchlichste Instrument. 95% der Gewerbekunden sind mit Leasing vertraut, von 85% der Institute wird es bereits zum Zeitpunkt der Befragung

(Mai 2005) angeboten. An zweiter Stelle folgt bei den Finanzierungshilfen das Factoring, das einen Bekanntheits-/Vertrautheitsgrad von 68 % hat und von 70% der Institute angeboten wird. Sehr viel weniger Bekanntheit und Angebot liegt bei Forfaitierung vor (32% bzw. 25%). Allerdings geben beim Instrument Factoring 95% der Unternehmen an, dies in Zukunft nicht nutzen zu wollen.

Bei der Analyse der alternativen und innovativen Finanzierungsinstrumente, denen auch in den nächsten Jahren oft eine große Zukunft prognostiziert wird, war die erste Frage nach Mezzanine-Kapital, die folgenden Fragen nach den einzelnen Ausprägungen des mezzaninen Kapitals. Auffällig ist hier, dass widersprüchliche Antworten auftraten. So verneinten sogar Kreditinstitute ein Angebot an mezzaninem Kapital, antworteten aber eine Frage später, dass sie Stille Beteiligungen anbieten würden. Hier scheint es sich um ein Definitions- oder wohl eher Kompetenzproblem auf Seiten der Banken zu handeln. Anscheinend liegt hier noch keine Vertrautheit der (v.a. kleineren) Banken mit dem Begriff „Mezzanine" vor. Eine mögliche (personelle) Überforderung v.a. von kleineren Banken, wie Genossenschaftsbanken durch die Anforderungen aufgrund von Basel II wird auch von anderer Seite bestätigt.[108]

Noch eklatanter ist dieses Problem allerdings auf Seiten der KMUs zu erkennen. Bescheinigen hier nur 48% eine Vertrautheit mit mezzaninem Kapital, so sind dies bei einer Stillen Beteiligung 69%, bei Nachrangdarlehen sogar 74%.

Dieses Verständnisproblem tritt in ähnlicher Weise nochmals bei der Frage nach den Wünschen der Nutzung der einzelnen Finanzierungsformen auf.

Auffällig ist bei diesen Fragen, dass die beobachtete Akzeptanz bzgl. der Inanspruchnahme von Mezzanine-Kapital bei KMUs relativ gering ist, wenn man einmal von Nachrangdarlehen (37%) und evtl. auch Stillen Beteiligungen (16%) absieht. Gerade Genussscheine bieten hier aufgrund der geringen gesetzlichen Reglementierung flexible Möglichkeiten, die von 95% nicht genutzt werden (wollen).

---

[108] Vgl. o.V.: Hohe Kosten durch Basel II – Kleinere Genossenschaftsbanken fühlen sich überfordert; In: Süddeutsche Zeitung; Ausgabe Nr. 126, 04./05.06.05; S. 31

6.4.2 Schlussfolgerung der Fragebogenaktion

Bei den einzelnen Antworten, v.a. auf die offenen Fragen, zeigt sich, dass sich bereits eine große Zahl der kleinen und mittleren Unternehmen mit den Themen Basel II, Rating und den Folgen für die Unternehmensfinanzierung auseinander setzt oder bereits auseinandergesetzt hat. Die noch vor einigen Jahren extreme Ablehnung und negative Einschätzung von Basel II wurde an vielen Stellen durch Verständnis für eine effektive und effiziente Gestaltung des Risikomanagements einer Bank und der erfolgten Kreditvergaben und -bepreisungen teilweise ersetzt. Dies lässt auf eine gewisse Öffnung bzgl. der Wettbewerbsanforderungen im Rahmen der Globalisierung schließen. Ein früher oft geforderter Protektionismus für deutsche mittelständische Unternehmen ist hier kaum mehr zu erkennen. Viele Unternehmen scheinen auch die Chancen langsam zu erkennen und aus den teilweise schon vorgenommenen Verbesserungen die ersten Erfolge verzeichnen zu können.

Nur noch einige KMUs vertreten in den Fragebögen die Auffassung, dass sie als Kunden bei den Banken unerwünscht sind, wie das an anderer Stelle oft behauptet wurde.[109] Aufgrund der fast durchgängig negativen und wenig kooperativen Einstellung von diesen beiden Fragebögen ist möglicherweise aufgrund einiger frustrierender Erlebnisse wenig Bereitschaft für eine zukünftige positive Zusammenarbeit mit Geldgebern signalisiert worden. Für die betroffenen Unternehmer bleibt im eigenen Interesse zu hoffen, dass sie erneut das Gespräch mit möglichen Geldgebern suchen und sich den aktuellen und zukünftigen Herausforderungen nicht verschließen.

Trotz dieser tendenziell eher positiv zu bewertenden Entwicklung ist ein verbleibender Informations- und Beratungsbedarf deutlich geworden. Dieser lässt sich aus den teilweise falschen Schlussfolgerungen und Verständnis der Begrifflichkeiten und der damit einhergehenden Skepsis gegenüber und Ablehnung von verschiedensten Vorgehensweisen erklären. Gleichzeitig ist den Unternehmen nicht ganz klar, welche Einflussfaktoren mit welcher Gewichtung in ihr Rating einfließen und wie sich daraus die Kreditkonditionen errechnen bzw. zumindest abschätzen lassen. Dies verhindert, dass die Unternehmer besser auf die zukünftigen Anforderungen einer Unternehmensfinanzierung vorbereiten und einstellen können. All dies ist u.a. auf ein Defizit in der Kommunikation zwischen Bank

---

[109] Vgl. Jumpertz, Norbert: Mit Eigeninitiative den Banken Paroli bieten; In: Profirma – Das Magazin für Unternehmer; Ausgabe März 2004; S. 56

und Unternehmen zurückzuführen. Hier gehen die Ansichten bzgl. der erfolgten Informationsweitergabe weit auseinander. Viele Unternehmer versuchen bereits, das Risikomanagement und Controlling zu verbessern, die Bank besser und aktueller zu informieren und sich über andere Finanzierungsquellen zu informieren. Gerade hier wäre die Unterstützung der Bank notwendig, welche den Unternehmen nur z.T. angeboten wird bzw. wurde. Verbesserungswürdig ist aus Bankensicht außerdem die Vorbereitung auf die Kreditgespräche. Dieses Ergebnis bestätigen auch bereits zu einem früheren Zeitpunkt von anderen Institutionen durchgeführte Befragungen.[110] Offensichtlich hat sich hier bisher nichts geändert.

Positiv ist zu bewerten, dass bei der Planung von Projekten die Finanzierung zunehmend schon vorab berücksichtigt wird und der Projektentwickler sich nicht erst nach kompletter Projektplanung um eine Finanzierung bemüht. So wird die Finanzierung zu einem essentiellen Teil eines Projektes und wird nicht nur wie bisher als ein Mittel zum Zweck angesehen. Dies sollte sich auch positiv auf die Effektivität und die Effizienz von durchgeführten Projekten auswirken. Beides scheint in jedem Falle wünschenswert. Außerdem ist das Unabhängigkeitsstreben einiger Unternehmer gegenüber der Banken als positiv zu werten. In Deutschland stammen aktuell etwa 80% des unternehmerischen Fremdkapitals von Banken, während das in Großbritannien oder den USA lediglich 20% sind.[111] Dieser Trend muss sich in Deutschland zukünftig noch verstärken, um mittelfristig nicht von Banken bzgl. der unternehmerischen Entscheidungen beeinflusst werden zu können.

Bei den befragten Unternehmen ist der Bekanntheitsgrad von Basel II hoch. Gleichzeitig sind sich allerdings noch nicht alle Unternehmen darüber im Klaren, welche Auswirkungen dies für ihr Unternehmen hat. Hier kann wiederum neutrale Beratung von außen hilfreich sein, um unabhängig von Bankeninteressen eine effektive und effiziente Gestaltung der mittel- und langfristigen Unternehmensfinanzierung zu diskutieren. „Die Objektivierungsfunktion im Rahmen der [...] Beratung ist als eine wesentliche Entscheidungsunterstützung [...] anzusehen."[112] Banken können diese Beratung aufgrund personeller Eng-

---

[110] Vgl. o.V.: Profirma-Untersuchung: Banken bewerten Mittelständler; In: Profirma – Das Magazin für Unternehmer; Ausgabe März 2004; S. 10
[111] Vgl. Pollack, Frank: Mittelstand an den Kapitalmarkt; In: impulse – Das Unternehmermagazin; Ausgabe 07/2005, S. 113
[112] Hohnhaus, Wolfgang: Erfolg der M&A-Beratung bei Unternehmenstransaktionen – Strukturelle Voraussetzungen und funktionelle Beiträge aus Kundensicht; Deutscher Universitäts-Verlag, Wiesbaden, 2004; S. 104

pässe (sowie teilweise auch fachlicher Defizite, wie aus der Bankenbefragung hervorging) in den Themen Basel II, Rating und alternativer Unternehmensfinanzierung nur sehr eingeschränkt anbieten. Gleichzeitig sind Interessenkonflikte auf Bankenseite nicht auszuschließen. Diese Nische im Beratungsmarkt (Consulting im Bereich Corporate Finance unter Berücksichtigung der Auswirkungen aufgrund von Basel II und Rating) kann den Unternehmen Handlungsweisen und Alternativen aufzeigen, die eine stetige und stabile Finanzierung eines Unternehmens sichern können.

Auf Bankenseite sollte verstärkt auf die Kompetenz der Mitarbeiter geachtet werden, die durch Schulungen und Weiterbildungen entsprechend gewährleistet werden kann. Dies ist wichtig, da der Firmenkundenberater auch weiterhin noch einen gewissen Einfluss auf die Kreditvergabe haben wird. Ebenso essentiell ist das bei der Bewertung der qualitativen Faktoren wie z.B. der Bewertung des Managements. Des Weiteren fällt auf, dass es öfter zu Diskrepanzen zwischen den Aussagen der Banken und den KMUs bzgl. Informationsweitergabe zu den entsprechenden Themen kommt. Dies deutet auf ein deutliches Kommunikationsproblem hin. Dass gerade kleinere und ländlichere Banken der Aufklärungsarbeit wenig Gewicht beimessen, wird auch von früheren Befragungen an anderer Stelle bestätigt.[113] Hier könnte bereits mit verschiedenen kleineren Maßnahmen effizient das Verständnis bei und die Zusammenarbeit mit Firmenkunden gefördert werden.

Ob ein Ausstieg aus Basel II aufgrund der möglichen Überforderung von kleinen Genossenschaftsbanken sinnvoll ist, ist mehr als fraglich.[114] Eher wird es wohl zu einer Zunahme von Fusionen im Bereich der kleineren Genossenschaftsbanken kommen, um gegen den zunehmend stärkeren Konkurrenzdruck v.a. aus Osteuropa bestehen zu können.[115] Selbst Österreich stellt für die deutschen Banken eine ernstzunehmende Konkurrenz dar.[116] Da das Hausbankprinzip zunehmend ausgedient hat wird die Kundenbindung

---

[113] Vgl. o.V.: Profirma-Untersuchung: Banken bewerten Mittelständler; In: Profirma – Das Magazin für Unternehmer; Ausgabe März 2004; S. 10
[114] Vgl. Hagelüken, Alexander; Hesse, Martin: Aufstand gegen Basel II – Kleine Genossenschaftsbanken wollen Ausstiegsmöglichkeiten; In: Süddeutsche Zeitung; Ausgabe Nr. 106, 10.05.05; S. 22
[115] Vgl. o.V.: Genossenschaftsbanken: Wettbewerb wird schärfer; In: Passauer Neue Presse (PNP), Ausgabe Nr. 155, 08.07.05; S. 6
[116] Vgl. o.V.: Geld aus Österreich; In: impulse – Das Unternehmermagazin; Ausgabe 07/2005; S. 7

gleichzeitig geringer.[117] Die Genossenschaftsbanken werden sich somit ebenso dem harten Wettbewerb der Globalisierung der Finanzmärkte stellen müssen.[118]

Parallel zu den dargestellten Problemen sollte auf Seiten des Gesetzgebers über eine Umgestaltung der steuerlichen Absetzbarkeit von (Eigen-) Kapitalkosten nachgedacht werden. Hier führten die Absetzbarkeit von Fremdkapital und die Nichtanrechnung der Opportunitätskosten von eingebrachtem Eigenkapital sowie geltende Bilanzierungsvorschriften in den vergangenen Jahren und Jahrzehnten zu einer Übergewichtung von Fremdkapital.[119] Viele Unternehmenslenker sind hier aufgrund der steuerlichen Rahmenbedingungen bei der Gestaltung der Kapitalstruktur einen aggressiven Kurs gefahren um die Eigenkapitalrendite zu steigern.[120] Gerade für den Wirtschaftsstandort Deutschland kann das in den nächsten Jahren ein entscheidender Schritt sein.

Der Gesetzgeber ist in einer Marktwirtschaft immer dann gefragt, wenn der Markt versagt und damit die Optimierung von Einzelinteressen den Interessen der Gemeinschaft in entscheidendem Maße entgegenläuft.

---

[117] Vgl. Wittrock, Olaf: Hausbankprinzip hat ausgedient; In: Financial Times Deutschland, Ausgabe 08.07.05; Sonderbeilage Private Banking; S. A2

[118] Vgl. Shapiro, Alan C.; Balbirer, Sheldon D.: Modern Corporate Finance – A Multidisciplinary Approach to Value Creation; Prentice Hall, New Jersey, 2000; S. 418 ff.

[119] Vgl. Güllmann, Peter: Mehr Eigenkapital für den Mittelstand; In: Venture Capital Magazin; Ausgabe Januar 2005; S. 32

[120] Vgl. Copeland, Tom; Koller, Tim; Murrin, Jack: Valuation – Measuring and Managing the Value of Companies; John Wiley & Sons Inc., New York; 2nd Edition, 1995; S. 51

7 Fazit und Zusammenfassung

Seit einigen Jahren beschäftigt das Thema Unternehmensfinanzierung unter dem Einfluss von Basel II deutsche Kreditinstitute und deutsche Unternehmer. Eine Vielzahl von Fragen, Unsicherheiten und Missverständnissen tauchten auf und hielten sich über Jahre hinweg bis heute in den Köpfen sowohl der Unternehmer als auch der Bankenvertreter. Ein Motiv dieser Arbeit ist es, diese Unsicherheiten und Missverständnisse auszuräumen oder zumindest zu reduzieren.

Die letzten Seiten sollten einen kurzen theoretischen und empirischen Abriss über aufgetretene Risiken und Chancen sowie aktuell diskutierte Probleme der (Unternehmens-) Finanzierung und evtl. Lösungsmöglichkeiten v.a. für den deutschen Mittelstand einnehmen.

Im ersten Teil wurden hierbei nach einigen Definitionen und Begriffsbestimmungen unterschiedliche Wege für zukünftige Möglichkeiten in theoretischer Form dargestellt. Nach einer kurzen Vorstellung und Beschreibung der Beschaffenheit der Instrumente wurden Vor- und Nachteile der einzelnen Finanzierungsformen und Finanzierungshilfen erläutert und eine mögliche Eignung für die unterschiedlichen Unternehmen, soweit im Allgemeinen überhaupt darstellbar angesprochen.

Grundsätzlich stellt sich auch weiterhin die Frage, welche Finanzierungsinstrumente sich zukünftig für die Mittelstandsfinanzierung in den einzelnen Betrieben am besten eignen. Hier können die vorangegangenen Seiten nur einen groben Anhaltspunkt bieten. Die vielen verschiedenen Variablen und Gestaltungsmöglichkeiten, nicht nur aber gerade auch in mittelständischen (evtl. auch familiengeführten) Unternehmen machen eine kompetente Beratung unersetzlich. Im Detail lassen sich die auftretenden Probleme immer nur individuell lösen.[121] Die aufgezeigten Grundlagen sind allerdings für den Unternehmer als Grundwissen vorauszusetzen, um dem Unternehmens-, Finanz- oder auch Bankberater als ebenbürtiger Diskussions- und Gesprächspartner zur Verfügung zu stehen.

---

[121] Vgl. Achleitner, Ann.-Kristin; von Einem Christoph; von Schösser, Benedikt: Private Debt – alternative Finanzierung für den Mittelstand; Schäffer-Poeschel Verlag, Stuttgart, 2004; S. 167

Im zweiten Teil der Arbeit wurde versucht, den Status Quo sowohl auf Bankenseite als auch auf Unternehmensseite bzgl. des aktuellen Wissens und der getroffenen Vorbereitungen und Maßnahmen in Bezug auf die zukünftige Unternehmensfinanzierung unter Basel II zu erheben. Hierbei konnte festgestellt werden, dass sowohl auf Banken- als auch auf Unternehmerseite erhebliche Wissensdefizite vorhanden sind, für deren Behebung im Anbetracht des knappen Ablaufplanes von Basel II nur noch wenig Zeit bleibt. Der verbleibende Beratungsbedarf scheint sowohl für Banken als auch für KMUs enorm zu sein.

Banken benötigen v.a. professionelle Beratung in den Bereichen Kommunikation und Kundeninformation. Gleichzeitig sollten gerade kleinere Institute „lernen", wie Kunden zu den aktuell essentiellen Themen durch Maßnahmen wie Veranstaltungen, Seminare u.ä. adäquat sensibilisiert, motiviert und informiert werden. Wenn die Unternehmer hierfür entsprechend vorbereitet würden könnte dies auch den einzelnen Firmenkundenberatern viel Zeit und Geld in stattfindenden Einzelgesprächen ersparen. Gleichzeitig könnten diese Maßnahmen gezielt zur Kundenbindung beitragen und den Dialog der Banken mit den Unternehmen verbessern, wenn auch die Unternehmer die Probleme der Banken kennen lernen und sich damit mehr dem Bankberater öffnen.

Kleine und mittlere Unternehmen hingegen benötigen eher Unterstützung bei der Auswahl von zukünftigen Finanzierungsalternativen und der Optimierung des Unternehmens für den Ratingprozess im Rahmen von Basel II. Hierzu müssen verschiedene Partner des Unternehmens wie Gesellschafter, Steuerberater, Kunden und Lieferanten in die Entscheidung involviert werden, wobei die verschiedenen Interessenlagen der unterschiedlichen Parteien berücksichtigt werden. Hierzu können auch professionelle Berater einen positiven Beitrag leisten, um bei der Auswahl und Gestaltung von möglichen zukünftigen Finanzierungsentscheidungen keine Fehler zu machen und damit nicht die Zukunftschancen des Unternehmens aufgrund nicht optimal gestalteter Rahmenbedingungen zu mindern oder sogar die Existenz des Unternehmens zu gefährden.

Zusammenfassend kann man sagen, dass sich im Zuge der Globalisierung und Deregulierung bzgl. Unternehmensfinanzierung und Kapitalmarkt zwei Tendenzen herausbilden: Einmal ist eine zunehmende Verbriefung (Securisation) erkennbar, zum zweiten werden

Bonitäten stärker berücksichtigt und Risiken zunehmend gemanagt.[122] Diese neue Situation stellt die meisten deutschen Unternehmen vor große Herausforderungen. Gleichzeitig allerdings bietet sie beim Meistern derselben durch die durchgeführten Reformen wie z.B. Basel II große Chancen, die den Unternehmen weiteres erfolgreiches Wachstum bescheren und die Stabilität eines Unternehmens entscheidend verbessern können.

Volkswirtschaftlich ist durch diese zu erwartende Stabilisierung der Wirtschaft ein Mehrwert entstanden, den es ohne diese Reformen in dieser Art wohl nicht gegeben hätte.

In diesem Sinne bleibt zu hoffen, dass sowohl Banken als auch Unternehmen die noch bestehenden Probleme und Herausforderungen bewältigen und die aktuelle Entwicklung dadurch beide Seiten in eine erfolgreiche Zukunft führt.

---

[122] Vgl. Hellmann, Axel: Financial Strategy – Finanzwirtschaft in der Anwendungspraxis (Teil 1); Kursskript MBA Entrepreneurial Management, FHW Berlin; SS 2004; S. 6-1

8 Anhang

Anhang 1: Anschreiben mit Fragebogen für Kreditnstitute

Fachhochschule für Wirtschaft
Prof. Dr. Axel Hellmann / Dipl. oec. troph. (Univ.) Bernd Fischl
Fachbereich Unternehmensfinanzierung
Badensche Str. 50-51
10825 Berlin

Finanzierungs-Studie

Ansprechpartner	Telefon	eMail	Datum
Bernd Fischl		b.fischl@fib-seminare.de	15.04.2005

Finanzierungsstudie

Sehr geehrte Damen und Herren,

im Rahmen meines MBA-Studiums erstelle ich eine Studie zum Thema „Alternative Finanzierungsformen für kleine und mittelständische Unternehmen (KMUs) unter Berücksichtigung der Einflüsse von Basel II". Der Analysegegenstand dieser Arbeit ist u.a. die zukünftige Problematik der Finanzierung von Unternehmen in Abhängigkeit von der spezifischen Unternehmensgröße und des Alters, sowie der Möglichkeiten alternativer Unternehmensfinanzierung. Besonders soll hier die Kommunikation mit Fremdkapitalgebern wie Banken vor dem Hintergrund von Basel II betrachtet werden.

Ich würde mich sehr freuen, wenn Sie unser Projekt unterstützen könnten und zu diesem Zweck beiliegenden Fragebogen ausfüllen und per Fax Antwort zurück leiten. Gerne stellen wir Ihnen im Anschluss an die Auswertung die Ergebnisse dieser Umfrage zur Verfügung.

Bei Rückfragen und Anmerkungen wenden Sie sich bitte an mich persönlich:
Tel. 0170 - 5022577
Fax. 09942 – 801151

Ich möchte mich bereits im Vorfeld für Ihre Mithilfe und Unterstützung bedanken und verbleibe mit freundlichen Grüßen

Bernd Fischl

Finanzierungs-Studie

Herrn Bernd Fischl

Fax +49 9942 – 80 11 51

Kreditinstitut

\<FIRMENNAME\>

z.Hd. Firmenkundenleitung

\<STRASSE\>

\<PLZ\> \<ORT\>

Rücksendung Finanzierungsstudie

6 Seiten (inklusive diesem Deckblatt)

☐ Bitte informieren Sie mich über die Ergebnisse dieser Umfrage. (1)

Fachhochschule für Wirtschaft
Prof. Dr. Axel Hellmann / Dipl. oec. troph. (Univ.) Bernd Fischl
Fachbereich Unternehmensfinanzierung
Badensche Str. 50-51
10825 Berlin

Finanzierungs-Studie

Für eine sachgerechte Auswertung bitte wir Sie, im ersten Teil kurz die von Ihnen aktiv betriebenen Geschäftsfelder anzukreuzen:

Angebotene Dienstleistungen   Mehrfachantwort möglich

☐ Kreditfinanzierung
☐ Versicherungen
☐ Vermögensverwaltung
☐ Sonstige:_____

Verbreitung der angebotenen Dienstleistungen   Mehrfachantwort möglich

☐ Regional:_____
☐ Landesweit:_____
☐ Bundesweit:_____
☐ International:_____

Rechtsform:
  ☐ Privatbank: _____
  ☐ Körperschaft öffentlichen Rechts
  ☐ Eingetragene Genossenschaft (eG)

  ☐ Sonstige : _____

Bilanzsumme in EUR:
  ☐ < 10 Mio EUR
  ☐ 10 Mio EUR – 100 Mio EUR
  ☐ 100 Mio EUR – 500 Mio EUR
  ☐ 500 Mio EUR – 1.000 Mio EUR
  ☐ 1.000 Mio EUR – 5.000 Mio EUR
  ☐ > 5.000 Mio EUR

Mitarbeiterzahl:
  ☐ < 50
  ☐ 50 – 250
  ☐ 250 – 500
  ☐ 500 - 1.000
  ☐ 1.000 - 5.000
  ☐ > 5.000

65

Fragebogen für Kreditinstitute
Fachhochschule für Wirtschaft
Prof. Dr. Axel Hellmann / Dipl. oec. troph. (Univ.) Bernd Fischl
Fachbereich Unternehmensfinanzierung
Badensche Str. 50-51
10825 Berlin

Der Fragenkatalog in Teil 2 setzt sich aus zwei Abschnitten zusammen.

Im ersten Abschnitt möchten wir Sie bitten, die Fragen in freien Sätzen bzw. Stichpunkten zu beantworten.

Frage 1: Welche Änderungen setzen Sie bei der Unternehmensfinanzierung zum aktuellen Zeitpunkt bereits um ?

_____

_____

_____

_____

_____

_____

_____

_____

_____

Frage 2: Wie informieren Sie Ihre Kunden bzgl. der aktuellen und zukünftigen Änderungen ?

_____

_____

_____

_____

_____

_____

_____

_____

Frage 3: Welche Angebote zur Finanzierung von Unternehmen haben Sie in den letzten 5 Jahren aus Ihrem Programm entfernt ?

_____

_____

_____

_____

_____

Fragebogen für Kreditinstitute

Fachhochschule für Wirtschaft
Prof. Dr. Axel Hellmann / Dipl. oec. troph. (Univ.) Bernd Fischl
Fachbereich Unternehmensfinanzierung
Badensche Str. 50-51
10825 Berlin

Frage 4: Welche zusätzlichen Angebote zur Finanzierung haben Sie in den letzten 5 Jahren neu aufgenommen (z.b. alternative Finanzierungsformen)?

_____

_____

_____

_____

_____

_____

_____

Frage 5: Wie schätzen Sie Ihre Entwicklung bei der zukünftigen Kreditvergabe ein?

_____

_____

_____

_____

_____

_____

Frage 6: Was erwarten Sie zukünftig von Unternehmen bei einer Finanzierungsanfrage?

_____

_____

_____

_____

_____

_____

Fragebogen für Kreditinstitute

Fachhochschule für Wirtschaft
Prof. Dr. Axel Hellmann / Dipl. oec. troph. (Univ.) Bernd Fischl
Fachbereich Unternehmensfinanzierung
Badensche Str. 50-51
10825 Berlin

_____ Finanzierungs-Studie

Die Fragen des zweiten Abschnittes sollen die Antworten zu den vorangegangenen Fragen des ersten Abschnittes ergänzen:

Zu Abschnitt 1 Frage 1
Ist Ihren Kunden bekannt, dass Banken Kredite mit Eigenkapital unterlegen müssen ?

☐ Ja ☐ Nein

Wissen Ihre Kunden, inwieweit sich dies in der Konditionsgestaltung niederschlägt ?

☐ Ja ☐ Nein

Ist Ihren Kunden bekannt, dass Basel II Neuregelungen zur Eigenkapitalunterlegung
Durch Banken enthält ?
☐ Ja ☐ Nein

Wissen Ihre Kunden, dass diese Regelungen Veränderungen bei der
Eigenkapitalunterlegung von Unternehmensfinanzierungen durch Banken enthalten ?

☐ Ja ☐ Nein

Zu Abschnitt 1 Frage 2

Wissen Ihre Kunden, welche Neuregelungen Basel II zur Eigenkapitalunterlegung von
Unternehmensfinanzierungen durch Banken enthält ?

☐ Ja ☐ Nein

Sind Ihre Kunden mit der aktuellen Diskussion der sich daraus ergebenden
Probleme vertraut ?

☐ Ja ☐ Nein

Haben sich Ihre Kunden schon konkret mit den Auswirkungen auf deren
Geschäftsbetrieb auseinandergesetzt ?
☐ Ja ☐ Nein

Zu Abschnitt 1 Frage 3
Sind Ihre Kunden in hohem Maße von einer Fremdkapitalfinanzierung durch
Ihre oder andere Banken abhängig ?

☐ Ja ☐ Nein

Haben sich Ihre Kunden mit dem Thema Unternehmensrating auseinandergesetzt ?

☐ Ja ☐ Nein

Bereiten sich Ihre Kunden umfassender auf Finanzierungsanfragen und
-gespräche vor ?

☐ Ja ☐ Nein

Zu Abschnitt 1 Frage 4
Haben Sie Ihre Kreditvergabekriterien gegenüber dem Unternehmen
transparent gemacht ?

68

☐ Ja ☐ Nein

Haben Sie Ihre Gewerbekunden über die Neuerungen von Basel II informiert ?

☐ Ja ☐ Nein

Haben Sie Ihren Kunden bei der Bewältigung der entstehenden Herausforderungen aus Basel II bei der Fremdkapitalbeschaffung Hilfe angeboten bzw. Sie bereits unterstützt ?

☐ Ja ☐ Nein

Zu Abschnitt 1 Frage 4
Haben Sie alternative Finanzierungsformen in den letzten 5 Jahren in Ihr Angebot aufgenommen ?

☐ Ja ☐ Nein

Bieten Sie Ihren Gewerbekunden folgende Instrumente zur alternativen Unternehmensfinanzierung an ?

Leasing ?
☐ Ja ☐ Nein

Factoring ?
☐ Ja ☐ Nein

Forfaitierung?
☐ Ja ☐ Nein

Mezzanine Kapital?
☐ Ja ☐ Nein

Stille Beteiligung ?
☐ Ja ☐ Nein

Nachrangdarlehen?
☐ Ja ☐ Nein

Wandel-/Optionsanleihe ?
☐ Ja ☐ Nein

Genusscheine/Genussrechte?
☐ Ja ☐ Nein

Asset Backed Securities (ABS) ?
☐ Ja ☐ Nein

Welche dieser Instrumente planen Sie in Zukunft zusätzlich anzubieten ?

Leasing
☐ Ja ☐ Nein

Factoring
☐ Ja ☐ Nein

Forfaitierung?
☐ Ja ☐ Nein

Mezzanine Kapital?
☐ Ja ☐ Nein

Stille Beteiligung ?
☐ Ja ☐ Nein

Nachrangdarlehen?
☐ Ja ☐ Nein

Wandel-/Optionsanleihe ?
☐ Ja ☐ Nein

Genussscheine/Genussrechte?
☐ Ja ☐ Nein

Asset Backed Securities (ABS) ?
☐ Ja ☐ Nein

Bitte nutzen Sie beiliegende Fax-Vorlage für die Rücksendung.
Wenn Sie Interesse an den Ergebnissen der Umfrage haben, vermerken Sie dies bitte ebenfalls dort.

Vielen Dank für Ihre Zeit und Ihre Bemühungen.

Anhang 2: Anschreiben mit Fragebogen für Unternehmen

Fachhochschule für Wirtschaft
Prof. Dr. Axel Hellmann / Dipl. oec. troph. (Univ.) Bernd Fischl
Fachbereich Unternehmensfinanzierung
Badensche Str. 50-51
10825 Berlin

Finanzierungs-Studie

Ansprechpartner	Telefon	eMail	Datum
Bernd Fischl		b.fischl@fib-seminare.de	15.04.2005

Finanzierungsstudie

Sehr geehrte Damen und Herren,

im Rahmen meines MBA-Studiums erstelle ich eine Studie zum Thema „Alternative Finanzierungsformen für kleine und mittelständische Unternehmen (KMUs) unter Berücksichtigung der Einflüsse von Basel II". Der Analysegegenstand dieser Arbeit ist u.a. die zukünftige Problematik der Finanzierung von Unternehmen in Abhängigkeit von der spezifischen Unternehmensgröße und des Alters, sowie der Möglichkeiten alternativer Unternehmensfinanzierung. Besonders soll hier die Kommunikation mit Fremdkapitalgebern wie Banken vor dem Hintergrund von Basel II betrachtet werden.

Ich würde mich sehr freuen, wenn Sie unser Projekt unterstützen könnten und zu diesem Zweck beiliegenden Fragebogen ausfüllen und per Fax Antwort zurück leiten. Gerne stellen wir Ihnen im Anschluss an die Auswertung die Ergebnisse dieser Umfrage zur Verfügung.

Bei Rückfragen und Anmerkungen wenden Sie sich bitte an mich persönlich:

Tel. 0170 - 5022577

Fax. 09942 – 801151

Ich möchte mich bereits im Vorfeld für Ihre Mithilfe und Unterstützung bedanken und verbleibe mit freundlichen Grüßen

Bernd Fischl

Fachhochschule für Wirtschaft
Prof. Dr. Axel Hellmann / Dipl. oec. troph. (Univ.) Bernd Fischl
Fachbereich Unternehmensfinanzierung
Badensche Str. 50-51
10825 Berlin

Herrn Bernd Fischl

Fax +49 9942 – 80 11 51

Mittelständisches Unternehmen

<FIRMENNAME>

z.Hd. Kaufm. Leitung

<STRASSE>

<PLZ> <ORT>

Rücksendung Finanzierungsstudie

6 Seiten (inklusive diesem Deckblatt)

☐ Bitte informieren Sie mich über die Ergebnisse dieser Umfrage. (1)

Fragebogen für mittelständische Unternehmen
Fachhochschule für Wirtschaft
Prof. Dr. Axel Hellmann / Dipl. oec. troph. (Univ.) Bernd Fischl
Fachbereich Unternehmensfinanzierung
Badensche Str. 50-51
10825 Berlin

Finanzierungs-Studie

Für eine sachgerechte Auswertung bitte wir Sie, im ersten Teil kurz die von Ihnen aktiv betriebenen Geschäftsfelder anzukreuzen:

Sektor　　　　　　　　　　　　　　　　　　　Mehrfachantwort möglich

☐ Dienstleistung
☐ Handel
☐ Produktion
☐ Sonstige:_____

Branche/Tätigkeit　　　　　　　　　　　　　Mehrfachantwort möglich

☐ Hoch- & Tiefbau
☐ Bauträger
☐ (Unternehmens-) Beratung
☐ Sonstige:_____

Rechtsform:

　　　　　　　☐ Einzelunternehmen, Gesellschaft bürgerlichen Rechts (GbR)
　　　　　　　☐ Gesellschaft mit beschränkter Haftung (GmbH)
　　　　　　　☐ Aktiengesellschaft (AG)
　　　　　　　☐ Kommanditgesellschaft (KG)
　　　　　　　☐ Offene Handelgesellschaft (OHG)
　　　　　　　☐ Sonstige: _____

Umsatz pro Jahr Euro:

　　　　　　　☐ < 150 T EUR
　　　　　　　☐ 150 T EUR – 500 T EUR
　　　　　　　☐ 500 T EUR – 1 Mio EUR

　　　　　　　☐ 1 Mio EUR - 5 Mio EUR
　　　　　　　☐ 5 Mio EUR - 10 Mio EUR
　　　　　　　☐ > 10 Mio EUR

Mitarbeiterzahl:

　　　　　　　☐ < 10
　　　　　　　☐ 10 - 50
　　　　　　　☐ 50 – 250
　　　　　　　☐ 50 - 250
　　　　　　　☐ 250 - 500
　　　　　　　☐ > 500

Fragebogen für mittelständische Unternehmen
Fachhochschule für Wirtschaft
Prof. Dr. Axel Hellmann / Dipl. oec. troph. (Univ.) Bernd Fischl
Fachbereich Unternehmensfinanzierung
Badensche Str. 50-51
10825 Berlin

Finanzierungs-Studie

Der Fragenkatalog in Teil 2 setzt sich aus zwei Abschnitten zusammen.

Im ersten Abschnitt möchten wir Sie bitten, die Fragen in freien Sätzen bzw. Stichpunkten zu beantworten.

Frage 1: Was wissen Sie zum jetzigen Zeitpunkt über die Finanzierung von Unternehmen unter Einfluss von Basel II ?

_____
_____
_____
_____
_____
_____
_____
_____
_____

Frage 2: Welche Auswirkungen hat dies nach Ihren Einschätzungen auf ihr Unternehmen bzw. auf ihren Geschäftsbetrieb ?

_____
_____
_____
_____
_____
_____
_____
_____

Frage 3: Fühlen sie sich darauf vorbereitet ? (Bitte begründen Sie ihre Antwort kurz.)

_____
_____
_____
_____

Fragebogen für mittelständische Unternehmen
Fachhochschule für Wirtschaft
Prof. Dr. Axel Hellmann / Dipl. oec. troph. (Univ.) Bernd Fischl
Fachbereich Unternehmensfinanzierung
Badensche Str. 50-51
10825 Berlin

Frage 4: Inwieweit werden Sie durch Ihre Hausbank bei der Bewältigung von eventuellen Finanzierungsproblemen unterstützt?

_____

_____

_____

_____

_____

_____

_____

_____

Frage 5: Wie wollen Sie den erwarteten Entwicklungen begegnen bzw. welche Maßnahmen für die zukünftige Sicherstellung der Unternehmensfinanzierung wurden bisher ergriffen?

_____

_____

_____

_____

_____

_____

_____

_____

Frage 6: Welche Maßnahmen sind für zukünftige Finanzierungen im Unternehmen geplant?

_____

_____

_____

_____

_____

_____

_____

Fragebogen für mittelständische Unternehmen
Fachhochschule für Wirtschaft
Prof. Dr. Axel Hellmann / Dipl. oec. troph. (Univ.) Bernd Fischl
Fachbereich Unternehmensfinanzierung
Badensche Str. 50-51
10825 Berlin

Finanzierungs-Studie

Die Fragen des zweiten Abschnittes sollen die Antworten zu den vorangegangenen Fragen des ersten Abschnittes ergänzen:

Zu Abschnitt 1 Frage 1
Ist Ihnen bekannt, dass Banken Kredite mit Eigenkapital unterlegen müssen ?

☐ Ja ☐ Nein

Wissen Sie, inwieweit sich dies in der Konditionsgestaltung niederschlägt ?

☐ Ja ☐ Nein

Ist Ihnen bekannt, dass Basel II Neuregelungen zur Eigenkapitalunterlegung durch Banken enthält ?

☐ Ja ☐ Nein

Ist Ihnen bekannt, dass diese Regelungen Veränderungen bei der Eigenkapitalunterlegung von Unternehmensfinanzierungen durch Banken enthalten ?

☐ Ja ☐ Nein

Zu Abschnitt 1 Frage 2
Wissen Sie, welche Neuregelungen Basel II zur Eigenkapitalunterlegung von Unternehmensfinanzierungen durch Banken enthält ?

☐ Ja ☐ Nein

Sind Sie mit der aktuellen Diskussion der sich daraus ergebenden Probleme vertraut ?

☐ Ja ☐ Nein

Haben Sie sich konkret mit den Auswirkungen auf Ihren Geschäftsbetrieb auseinandergesetzt ?

☐ Ja ☐ Nein

Zu Abschnitt 1 Frage 3
Sind Sie in hohem Maße von einer Fremdkapitalfinanzierung durch Banken abhängig ?

☐ Ja ☐ Nein

Haben Sie sich mit dem Thema Unternehmensrating auseinandergesetzt ?

☐ Ja ☐ Nein

Sind Sie in der Lage die finanzwirtschaftlichen Stärken und Schwächen ihrer Projekte konkret zu formulieren ?

☐ Ja ☐ Nein

Bereiten Sie sich umfassend auf Finanzierungsanfragen bei Fremdkapitalgebern vor ?

☐ Ja ☐ Nein

Fließen die Anforderungen bei der Fremdkapitalbeschaffung bereits bei der Planung von Projekten mit ein ?

☐ Ja ☐ Nein

Zu Abschnitt 1 Frage 4
Hat die Bank ihre Kreditvergabekriterien Ihnen gegenüber transparent gemacht ?

☐ Ja ☐ Nein

Wurden Sie von Ihrer Hausbank über die Neuerungen von Basel II informiert ?

☐ Ja ☐ Nein

Wurden Ihnen die sich daraus ergebenden Veränderungen in der Kreditvergabe der
Bank bekannt gemacht ?

☐ Ja ☐ Nein

Fließen die durch Umsetzung von Basel II absehbaren Veränderungen bereits spürbar
in die Argumentation der Bank in Kreditgesprächen mit Ihnen ein ?

☐ Ja ☐ Nein

Hat Ihnen die Bank bei der Bewältigung der entstehenden Herausforderungen aus
Basel II bei der Fremdkapitalbeschaffung Hilfe angeboten bzw. Sie bereits unterstützt ?

☐ Ja ☐ Nein

Zu Abschnitt 1 Frage 4
Haben Sie alternative Finanzierungsformen zur Sicherstellung ihrer Liquidität von
ihrer Bank genannt bekommen ?

☐ Ja ☐ Nein

Sind Sie mit folgenden Begriffen bzw. Instrumenten der Unternehmensfinanzierung vertraut ?

Leasing ?
☐ Ja ☐ Nein

Factoring ?
☐ Ja ☐ Nein

Forfaitierung?
☐ Ja ☐ Nein

Mezzanine Kapital?
☐ Ja ☐ Nein

Stille Beteiligung ?
☐ Ja ☐ Nein

Nachrangdarlehen?
☐ Ja ☐ Nein

Wandel-/Optionsanleihe ?
☐ Ja ☐ Nein

Genusscheine/Genussrechte?
☐ Ja ☐ Nein

Asset Backed Securities (ABS) ?
☐ Ja ☐ Nein

Welche dieser Finanzierungsinstrumente haben Sie schon genutzt und/oder werden Sie in Zukunft nutzen ?

Leasing
☐ Ja ☐ Nein

Factoring

☐ Ja ☐ Nein

Forfaitierung?
☐ Ja ☐ Nein

Mezzanine Kapital?
☐ Ja ☐ Nein

Stille Beteiligung ?
☐ Ja ☐ Nein

Nachrangdarlehen?
☐ Ja ☐ Nein

Wandel-/Optionsanleihe ?
☐ Ja ☐ Nein

Genusscheine/Genussrechte?
☐ Ja ☐ Nein

Asset Backed Securities (ABS) ?
☐ Ja ☐ Nein

Bitte nutzen Sie beiliegende Fax-Vorlage für die Rücksendung.
Wenn Sie Interesse an den Ergebnissen der Umfrage haben, vermerken Sie dies bitte ebenfalls dort.

Vielen Dank für Ihre Zeit und Ihre Bemühungen.

Literaturverzeichnis

Achleitner, Ann-Kristin; Everling, Oliver (Hrsg.): Existenzgründerrating – Rating junger Unternehmen; Gabler Verlag, Wiesbaden, 2004

Achleitner, Ann.-Kristin; von Einem Christoph; von Schösser, Benedikt: Private Debt – alternative Finanzierung für den Mittelstand; Schäffer-Poeschel Verlag, Stuttgart, 2004

Beck, Martin: Local Heroes – M&A Transaktionen bei kleineren mittelständischen Unternehmen; In: Venture Capital Magazin; Ausgabe November 2004

Betriebswirtschaftliches Forschungszentrum für Fragen der mittelständischen Wirtschaft e.V. an der Universität Bayreuth (BF/M-Bayreuth) (2001): [Finanzierungsbedürfnisse] von kleinen und mittleren Unternehmen, Abschlussbericht zur Umfrage mit selbem Titel, Bayreuth: BF/M, 2001; S. 6; zitiert bei: Brockhaus, Miriam: Basel II – Was das neue Credit Rating für mittelständische Unternehmen bedeutet; VDM Verlag Dr. Müller, Düsseldorf, 2002

Booz Allen Hamilton (Hrsg.): Strategic Corporate Finance – Unternehmenswertsteigerung durch profitables Wachstum; Wirtschaftsverlag Carl Ueberreuther, Frankfurt/Wien, 2002

Born, Karl: Unternehmensanalyse und Unternehmensbewertung; Schäffer Poeschel Verlag, Stuttgart, 1995

Buckley, Adrian; Ross, Stephan, A.; Westerfield, Rudolph, W.; Jaffe, Jeffrey F.: Corporate Finance Europe; McGraw Hill Publishing Company, Berkshire, England, 1998

Bygrave, William D.; Hay, Michael; Peeters, Jos B. (Hrsg.): Das Financial Times Handbuch Risikokapital; Financial Times Deutschland, Pearson Education Deutschland GmbH; 2000

Copeland, Tom; Koller, Tim; Murrin, Jack: Valuation – Measuring and Managing the Value of Companies; John Wiley & Sons Inc., New York; 2nd Edition, 1995

Deibert, Volker: Innovative Finanzierungsinstrumente – Mezzanine & Co.: Die Kapital-Designer kommen!; In: Going Public Magazin – Sonderausgabe: Corporate Finance & Private Equity Guide 2005; März 2005

Deibert, Volker: Private Equity-Investitionen; In: Venture Capital Magazin; Ausgabe Dezember 2004

De Luca, Claudio: Keine Rezession in Sicht; Capital „geld", Sonderheft Nr. 3, Dezember 2004

Dentz, Markus: Der Adler soll wieder fliegen – Triumph Adler baut in heikler Finanzierungssituation radikal um; In: Finance – Das Finanzmagazin für Unternehmer; Ausgabe Mai 2005

Dentz, Markus: Der „Neue Markt" für Genussscheine – in guten wie in schlechten Zeiten?; In: Finance – Das Finanzmagazin für Unternehmer, Ausgabe Juli/August 2005

Deutsch Christian: Wege aus der Krise; In: Markt und Mittelstand; Ausgabe März 2002

Dowling, Michael/Drumm, Hans-Jürgen (Hrsg.): Gründungsmanagement; Springer-Verlag, Berlin, Heidelberg, New York, 2002

Drucker, Peter F.: Das Geheimnis effizienter Führung; In: Harvard Business Manager; Ausgabe August 2004

Drukarczyk, Jochen: Finanzierung – Eine Einführung; Lucius & Lucius Verlag, Stuttgart, 9. neu bearbeitete Auflage, 2003

Drukarczyk, Jochen: Theorie und Politik der Finanzierung; 2. völlig überarbeitete Auflage, Vahlen Verlag, München, 1993

Drukarczyk, Jochen: Unternehmensbewertung; Verlag Vahlen, München, 2. überarbeitete und erweiterte Auflage, 1998

Egger, Uwe-Peter: Optimale Finanzierung für Existenzgründer und Kleinunternehmer; Max Schimmel Verlag, Würzburg, 1999

Fischl, Bernd: Wellness als Geschäftsidee – Erstellung eines Businessplans für ein Gesundheitsdienstleistungsunternehmen; Diplomarbeit am Department für Dienstleistungsökonomik, TU München, Prof. Dr. Dieter Witt; 05/2002

Geisel, Barbara R.: Eigenkapitalfinanzierung – Praxiserprobte Instrumente zur Steigerung der Liquidität; Gabler Verlag, Wiesbaden, 2004

Gereth, B.; Schulte, K.W.:Mezzanine-Finanzierung; Bergisch-Gladbach, Köln, 1992

Golland, Frank: Die etwas andere Anlageklasse – Besonderheiten von Investments in Mezzanine; In: Finance – Das Finanzmagazin für Unternehmer; Ausgabe Juli/August 2005

Guserl, Richard; Pernsteiner, Helmut: Handbuch Finanzmanagement in der Praxis; Gabler Verlag, Wiesbaden, 1. Auflage 2004

Güllmann, Peter: Mehr Eigenkapital für den Mittelstand; In: Venture Capital Magazin; Ausgabe Januar 2005

Hachmeister, Dirk: Der Discounted Cash Flow als Maß der Unternehmenswertsteigerung; Peter Lang Verlag, Frankfurt, 2. durchgesehene Auflage, 1998

Häring, Christian: ...Basel II?; In: brand eins Wirtschaftsmagazin; Ausgabe 02/2002
Hagelüken, Alexander; Hesse, Martin: Aufstand gegen Basel II – Kleine Genossenschaftsbanken wollen Ausstiegsmöglichkeiten; In: Süddeutsche Zeitung; Ausgabe Nr. 106, 10.05.05

Hansmann, Ringle (2002): Finanzierung Mittelstand 2002, Universität Hamburg, Industrielles Management, Arbeitspapier Nr. 8

Haunerdinger, Monika: Unternehmensrating leicht gemacht – Wohin führt der Weg nach Basel II; Wirtschaftsverlag Carl Ueberreuter, Frankfurt/Wien, 2003

Heinemann, Stephan: Frühphasenfinanzierung auf Abwegen – Innovative Finanzierungsinstrumente für Start-up-Unternehmen; In: Finance – Das Finanzmagazin für Unternehmer; Ausgabe Juni 2005

Hellmann, Axel: Financial Strategy – Finanzwirtschaft in der Anwendungspraxis (Teil 1); Kursskript MBA Entrepreneurial Management, FHW Berlin; SS 2004

Hofelich, Markus: Licht am Ende des Tunnels; In: Going Public Magazin – Sonderausgabe: Corporate Finance & Private Equity Guide 2005; März 2005

Hohnhaus, Wolfgang: Erfolg der M&A-Beratung bei Unternehmenstransaktionen – Strukturelle Voraussetzungen und funktionelle Beiträge aus Kundensicht; Deutscher Universitäts-Verlag, Wiesbaden, 2004

Hülsbömer, André: Deutschland AG einmal anders; In: Finance – Das Finanzmagazin für Unternehmer; Augabe März 2005

Jahrmann, Fritz-Ulrich: Finanzierung; Verlag Neue Wirtschaftsbriefe, Herne/Berlin, 5. Auflage, 2003

Jänisch, Christian; Moran, Kevin: Eichel im Hinterkopf – Steuerliche Chancen und Risiken von Finanzierungsinstrumenten; In: Finance, Ausgabe März 2005

Jumpertz, Norbert: Mit Eigeninitiative den Banken Paroli bieten; In: Profirma – Das Magazin für Unternehmer; Ausgabe März 2004

Kerber, Markus, C.: Eigenkapitalverwandte Finanzierungsinstrumente – Zum Finanzierungspotential von Wandelschuldverschreibungen aus aktienrechtlicher Sicht; Schäffer-Poeschel Verlag, Stuttgart, 2002; S. X

Klandt, Heinz: Gründungsmanagement: Der integrierte Unternehmensplan; Oldenbourg Verlag, München, Wien, 1999

Klein, Harald: Finanz-Check für Klein- und mittelständische Unternehmen; Ueberreuter Verlag, Wien/Frankfurt, 1998

Klinger, Franz; Müller, Michael (Hrsg.): Basel II & Immobilien; lexxicon Verlag, 2003

Lachenmaier, Dieter: Krisensicher finanzieren ohne Bank; mvg-Verlag, Landsberg a. L., 1999

Mind 02 (2001): Mittelstand in Deutschland, Dresdner Bank /Zeitschrift Impulse (Hrsg.)

Müller, O.: Mezzanine Finance: Neue Perspektiven in der Unternehmensfinanzierung; Bern u.a., 2003

Oebel, Ginette: Anlässe für die Aufnahme von Mezzanine-Kapital - Mehrere Möglichkeiten; In: Unternehmermagazin, Ausgabe 4/2005

o.V.: Genossenschaftsbanken: Wettbewerb wird schärfer; In: Passauer Neue Presse (PNP), Ausgabe Nr. 155, 08.07.05

o.V.: Hohe Kosten durch Basel II – Kleinere Genossenschaftsbanken fühlen sich überfordert; In: Süddeutsche Zeitung; Ausgabe Nr. 126, 04./05.06.05

o.V.: Geld aus Österreich; In: impulse – Das Unternehmermagazin; Ausgabe 07/2005

o.V.: Leveraged Finance - Preisdruck in der Akquisitionsfinanzierung; In: Finance – Das Finanzmagazin für Unternehmer; Ausgabe April 2005

o.V.: Mittelständler unter Druck; In: W & V, Ausgabe 47; 23.11.2001

o.V.: Neues Scoring-Modell zur Unternehmensbewertung und zukunftsorientierten Rating-Einschätzung; In: RATING aktuell – Information für Unternehmen und Finandienstleister, Ausgabe April/Mai, 02/2005

o.V.: Neues über Basel II; In: Bankmagazin, Ausgabe 02/2002

o.V.: Nicht jeder Abbruch einer Ich-AG ist eine Pleite; In: Personalmagazin; Ausgabe 04/2005

o.V.: Profirma-Untersuchung: Banken bewerten Mittelständler; In: Profirma – Das Magazin für Unternehmer; Ausgabe März 2004

o.V.: Standort Deutschland: Wachstum ist möglich; In: Enterprise Finance Europe – Factoring Talk; Ausgabe März/April 2005

o.V.: Verbriefung für den Mittelstand; In: Wirtschaftswoche; Ausgabe 28/2003

o.V.: Wachstumschancen sichern; In: Süddeutsche Zeitung, Ausgabe Nr. 150, 02./03.07.05

o.V.: Wühltisch Deutschland; In: Euro, Ausgabe 05/2005

o.V.: „Zu wenig Kredite"; In: Süddeutsche Zeitung; Ausgabe Nr. 106, 10.05.05

Pollack, Frank: Mittelstand an den Kapitalmarkt; In: impulse – Das Unternehmermagazin; Ausgabe 07/2005

Pratt, Shannon P.; Reilly, Robert F.; Schweihs, Robert P.: Valuing a Business; McGraw-Hill, New York, 4th Edition, 2000

Rehkugler, Heinz: Finanzierung; Verlag V. Florentz GmbH, München, 3. Auflage, 1986

Rödl, Bernd; Zinser, Thomas: Going Public – Der Gang mittelständischer Unternehmen an der Börse; Frankfurter Allgemeine Zeitung, Verlagsbereich Buch, Frankfurt, 1999

Rohr, Ulrich (Hrsg.): Management und Markt – Unternehmensführung und gesamtwirtschaftlicher Rahmen; Beck-Wirtschaftsberater im dtv; Deutscher Taschenbuch Verlag, München, 1994

Schmolcke, Nikolaj: Das ABC der frisierten Bilanzen – Grundlagen, Feinheiten und Ungereimtheiten des Buchens; OPS Verlagsgesellschaft mbH, München, 1999

Shapiro, Alan C.; Balbirer, Sheldon D.: Modern Corporate Finance – A Multidisciplinary Approach to Value Creation; Prentice Hall, New Jersey, 2000

Stadler, Wilfried (Hrsg.): Venture Capital und Private Equity – Erfolgreich wachsen mit Beteiligungskapital; Fachverlag Deutscher Wirtschaftsdienst, Köln, 2000

Steinmüller, Peter: Historische Chance: Profirma – Das Magazin für Unternehmer; Ausgabe April 2004

Tichy, Geiserich E.: Unternehmensbewertung; Industrieverlag Peter Linde GmbH, Wien; 1990

Voss, Joachim: Service-Kapital – Fitness für Wachstum und IPO; In: Venture Capital 2001 – Jahrbuch für Beteiligungsfinanzierung; Brönner Verlag Breidenstein GmbH, Frankfurt, 2001

Walter, Norbert: Moderne Mittelstandsfinanzierung; In: Unternehmermagazin, Ausgabe 4/2005

Werner, Horst S.: Mezzanine-Kapital – Mit Mezzanine-Finanzierung die Eigenkapitalquote erhöhen; Bank-Verlag GmbH, Köln; 1.Ausgabe, 2004

Wipfli, Cyrill: Unternehmensbewertung im Venture Capital-Geschäft – Herleitung von Einflussfaktoren und deren empirische Überprüfung in der Praxis; Verlag Paul Haupt, Bern/Stuttgart/Wien, 2001

Wittrock, Olaf: Hausbankprinzip hat ausgedient; In: Financial Times Deutschland, Ausgabe 08.07.05; Sonderbeilage Private Banking

www.business-wissen.de/index.php?main=wissen&akt=1085&prn=1

www.sprengnetter-online.de/docpdf/Publikationen/abs.pdf

www.isb.unizh.ch/studium/courses03-04/pdf/0357_09.pdf

Zantow, Roger: Finanzierung: Die Grundlagen modernen Finanzmanagements; Pearson Studium, München, 2004

Zöllner, Wolfgang: Was Führungskräfte von Finanzierung wissen müssen; Wilhelm Heyne Verlag, München, 1976

Danksagung

Besonderen Dank für die Hilfestellung bei der Bearbeitung meiner Masterarbeit richte ich

an den 1. Prüfer und Betreuer meiner Masterarbeit

Herrn Professor Dr. Axel Hellmann,

FHW Berlin, MBA Department, Fachbereich Unternehmensfinanzierung.

Zusätzlich möchte ich den Unternehmen und Unternehmern sowie Kreditinstituten danken, die sich bereit erklärt haben, durch die Beantwortung meiner Fragen, die Ihnen in Form eines Fragebogens zugegangen sind, diese Arbeit und Untersuchung möglich zu machen.

Des Weiteren möchte ich meinen Dank aussprechen an die Industrie- und Handelskammer (IHK) Passau, welche die Adressen für die Umfrage zur Verfügung gestellt hat, sowie alle Unternehmen, die mich bei der Anfertigung meiner Diplomarbeit in irgendeiner Weise, sei es mit Broschüren, durch sonstige Informationen oder durch die Einbindung in verschiedene Projekte unterstützt haben.

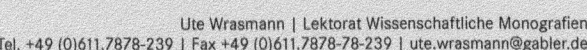

The manufacturer's authorised representative in the EU is Springer
Nature Customer Service Centre GmbH, Europaplatz 3, 69115 Heidelberg,
Germany. If you have any concerns regarding our products, please
contact ProductSafety@springernature.com

Printed and bound by CPI Group (UK) Ltd, Croydon, CR0 4YY

24/04/2026

02096334-0005